艺术品拍卖投资考成汇典系列

Yi Shu Pin Pai Mai
Tou Zi Kao Cheng Hui Dian Xi Lie

中国古代玉器拍卖投资考成汇典

包章泰 编著

ZHONG GUO GU DAI YU QI
PAI MAI TOU ZI
KAO CHENG HUI DIAN

中国书店

图书在版编目（CIP）数据

中国古代玉器拍卖投资考成汇典 / 包章泰 编著. – 北京：
中国书店, 2013.10
ISBN 978-7-5149-0731-5

Ⅰ.①中… Ⅱ.①包… Ⅲ.①古玉器—拍卖市场—研
究—中国 Ⅳ.①F724.787

中国版本图书馆CIP数据核字(2013)第034033号

中国古代玉器拍卖投资考成汇典

选题策划：春晓伟业
作　　者：包章泰
责任编辑：柏实
装帧设计：耕莘文化

出版发行：中国书店
地　　址：北京市西城区琉璃厂东街115号
邮　　编：100050
印　　刷：北京圣彩虹制版印刷技术有限公司
开　　本：889mm×1194mm　1 / 16
版　　次：2013年10月第1版　2013年10月第1次印刷
字　　数：115千字
印　　张：19.5
书　　号：ISBN 978-7-5149-0731-5
定　　价：398.00元

作者简介

包章泰

　　从事古玩收藏、研究与鉴定三十余年，收藏领域涵盖玉器、陶瓷、铜器、书画及玉雕、文房四宝等，通过其不断的学习、实践、总结，积累了过硬的艺术功底，具有丰富的实战经验，在专业领域中获得了同行的高度认可。

　　2000年，创办福建省首家民间博物馆，馆藏文物得到耿宝昌、吕济民、史树青、杨伯达等文物界前辈的肯定与赞赏。其收藏的清代髹漆描金嵌百宝多宝格和清代书法及多种釉彩于一身的瓷板画被权威机构评为2008年民间国宝。

　　2002年至今，先后出版《古陶瓷珍赏》《文物鉴定专家手册》《历代砚台精品赏析》。并在多家收藏类杂志及报刊上发表过艺术品鉴赏的相关论文。

上海宝石及材料工艺工程技术研究中心 理事长

同济大学宝石及工艺工程技术委员会 委员

同济大学宝玉石教育中心理事会 理事长

包氏博物馆 馆长

上海第一拍卖厅（顾问）

福建静轩拍卖有限公司（顾问）

央视《寻宝》栏目鉴宝专家

上海收藏俱乐部（顾问）

中华全国工商联古玩业商会 常务副会长

中华全联民间文物艺术品商会 常务副会长

中华全国工商联古玩业商会会员服务中心 主任

中华全国工商联古玩业商会文物鉴定中心 执行主任

中国博物馆协会民办博物馆专业委员会 副主任

中华民间藏品鉴定委员会 副会长

北京古玩城文物鉴定有限公司 董事长

北京东方大学传统文化学院 特聘教授

中国艺术研究工委、副会长（顾问）

前言

玉器是艺术品收藏的传统大项，几千年来长盛不衰。从安阳妇好墓出土的原产自石家河文化的玉凤来看，收藏古玉的传统可追溯到商代晚期；战国时期"完璧归赵"的历史记载，其实是因和氏璧的收藏而引发的一场"国际风波"。在宋代、明代、清代康乾时期、清末民初，也都出现过玉器收藏热。

20世纪80年代以来，随着人民生活水平不断提高，人们的理财观念也悄然发生变化，逐渐放弃了"黄金保值"的单一信条，越来越认识到艺术品的保值、升值作用，涉足古玉收藏的人与日俱增。修改后的《文物法》也有限度地放开了民间文物的交易管制。

值得注意的是，源于西方的拍卖方式也传入我国。由于现代人从事艺术品收藏，与古人收藏艺术品的目的不同。现代人从事艺术品收藏，其实质是利用社会公认的艺术收藏品为媒介的投资行为。大凡艺术藏品，一般都具有稀少性（甚至是唯一性）、历史性、资料性、资源性、艺术性、社会认同性和高价值。而艺术品拍卖会是现代艺术品交易的一种方式，在"公开、公正、公平"的原则下，艺术品拍卖行将卖方的艺术品通过公开拍板成交的方式，让买方以竞争的方式获得。在艺术品拍卖会上，艺术品将在拍卖现场展示，拍卖时按编号依次叫价，由报价最高者获得。

从1988年6月3日北京第一槌古董拍卖开始，至今已二十余年。

《中国古代玉器拍卖投资考成汇典》精选了近二十年间，读者朋友们熟知的各个高端拍卖行的拍卖品。每件入选的玉器拍品都精心挑选、认真辨伪，并都附有详细的拍卖交易信息，甚至还附有拍卖记录。本书在"拍卖与投资"两大领域中，梳理出一条可资借鉴的"实物线索"，全面、客观、真实地反映中国古代玉器的拍卖导向，不仅具有很强的实用价值，可以为热爱玉器的朋友们提供参考，兼具一定的鉴赏价值，让读者朋友们实现快捷搜索和查询的同时，获得视觉和感观上的审美愉悦，更好地满足广大玉器爱好者的投资和鉴赏需求。希望它能成为广大玉器收藏爱好者实用而具指导意义的案头必备读物。

包章泰
2012年8月 北京

目录

高古玉器

中国古代玉器拍卖投资考成汇典

ZHONG GUO GU DAI YU QI
PAI MAI TOU ZI
KAO CHENG HUI DIAN

在收藏界，一般把汉以前的玉器称作高古玉，古代称作"三代古玉"。由于年代久远，高古玉数量稀少，大都分流传有绪的高古玉都在博物馆及少数藏家手里。

近些年来，高古玉已成为有一定实力收藏爱好者的追逐目标，其中所蕴含的丰富文化内涵，更成为收藏爱好者频频出手的动因。高古玉因年代久远，文化内涵丰富，有极高的历史研究价值，受到国内外收藏家的追捧。

高古玉可以分为新石器时代玉器、商玉、西周玉、春秋玉、战国玉、秦国玉几类。

牛河梁15号墓马蹄形玉箍

建平猪龙形玉饰

胡头沟连环形玉饰

胡头沟三角形首玉龟

阜新福兴地兽面纹丫形玉器

巴林右旗黄玉枭

1. 新石器时代玉器概况

新石器时代玉器品类最多，一般以出土的文化命名。但古人没有新石器时代这个概念，一般泛称"三代古玉"。

我国玉器自新石器时代早期、中期(以兴隆洼、查海、河姆渡等文化玉器为代表，距今约七八千年)的初创后，在距今四五千年的新石器时代晚期出现了第一个高峰期。红山文化玉器是初盛期，以玉猪龙为代表；良渚文化玉器是发展期，以璧、琮、钺、冠饰为代表；龙山文化玉器是次成熟期，以圭和璋为代表；凌家滩文化玉器是成熟期，以多样化的玉器为代表。

二里头遗址出土玉钺

二里头遗址出土七孔玉刀

二里头遗址出土玉柄形饰

新石器时代晚期出现的玉文化高峰，是围绕着刚刚形成的王权而发展起来的。当时正处于文明起源阶段，逐渐形成了被以后社会称为"礼制"的文化内容。因此，史前古玉的形制和寓意，实际上是培育以"礼"与王权相结合的中国文明的温床，对研讨中国文明的起源有较大的价值。"礼"是中国古代观念形态的最高体现，也是中国文明的特有成分，但礼的核心是王权，礼的最终目标是维系社会的秩序并为王权服务。所以，新石器时代晚期的玉文化现象，就是围绕着王权的产生而发展，构成了文明起源的文化内涵。

二里头遗址出土铜斝

二里头遗址出土镶嵌绿松石铜牌饰

河姆渡遗址出土玉玦

河姆渡遗址出土玉璜

2. 新石器时代玉器典型拍卖品

在古董拍卖市场中，新石器时代玉器弥足珍贵。

1996 年 11 月 15 日，拍卖时间：北京翰海"中国玉器拍卖专场"第 0735 号拍品——红山文化 C 字龙，以 253 万元人民币成交。

2000 年 12 月 11 日，拍卖时间：北京翰海"中国玉器拍卖专场"第 1105 号拍品——红山文化玉猪龙玦，长 16 厘米，以 264 万元人民币成交。

陶寺遗址出土玉钺

陶寺遗址出土石刀

大甸子遗址出土玛瑙玉珠项链

　　2001 年 10 月 29 日，香港佳士得拍卖"重要的中国工艺精品拍卖专场"拍品——新石器时代石斧，高 30 厘米，以 1.88 万港元成交。

　　2003 年 9 月 1 日，拍卖时间：北京翰海"中国玉器拍卖专场"第 1505 号拍品——龙山文化玉三孔刀，长 25.2 厘米，以 16 万元人民币成交。

　　2004 年 9 月 22 日，纽约苏富比"中国瓷器艺术品拍卖专场"第 222 号拍品——新石器时代玉刀，长 54 厘米，以 23.2 万美元成交。

　　2009 年 3 月 18 日，纽约佳士得"赛克勒珍藏中国艺术品拍卖专场"第 284 号拍品——新石器时期良渚文化玉璧，以 10.45 万美元成交。

　　2010 年 4 月 8 日，香港苏富比"中国瓷器及工艺品拍卖专场"第 2083 号拍品——黄玉兽面勒子，长 6.2 厘米，以 21.25 万港元成交。

　　2011 年 3 月 21 日，纽约佳士得"高登伉俪珍藏单色釉官窑及早期艺术品拍卖专场"第 1208 号拍品——齐家文化青玉牙璋，长 30.5 厘米，以 20.65 万美元成交。

3. 夏商周古玉概况

　　夏代是在正在探索中的王朝，如河南登封东南告成镇王城岗龙山文化遗址，是古史传说中夏代之前活动在中原地区的"有虞氏"遗址；河南偃师二里头遗址，可能为夏都之一；山西夏县东下冯村遗址，也可能是传说中"夏墟"之地。故夏代玉器的面貌尚不明朗，过去认为是商早期玉器的，很可能就是夏代玉器。

大甸子遗址出土环形雕花玉璧

殷墟妇好墓出土玉人雕像

商妇好墓组琮

考古发现的商玉，主要是在 20 世纪 20 年代以来在安阳殷墟发现的，属于商代晚期（殷商期）玉器。当然，考古发现的商玉，是不可能出现在拍卖会上的，但早年民间发现的商玉并不少，大多数在清末民国时期流失海外，在国内民间收藏者手里也有一部分。商代晚期玉器数量多，品种多，是商代玉器的代表。

西周是我国奴隶制鼎盛时期，大力推行以王权为中心的礼制，在国家礼仪活动中使用玉礼器，赋予玉以道德的内涵，对后代具有深远的影响。西周玉器以礼玉为主，有璧、琮、璜、戈、斧等，装饰玉有串饰、佩饰和鱼、鹿、鸟等玉雕。西周玉器在种类、造型方面并没有超过商代后期，数量虽多但种类较少，并且同类玉器多具有相似或相同的形状。

西周在东周之前，战国在东周之后，出土玉器有礼器、佩玉、葬玉、玩玉，玉礼器有玉璧、玉璜、玉琮、玉圭、玉戈等，佩玉有玉环、玉块、玉组佩、玉人。葬玉是晋侯墓最具特色的，有玉衣、玉覆面、玉塞、玉含、玉握等。从晋侯墓出土的葬玉，是西周墓葬制度的真实再现。

商妇好墓觥形玉玦

4. 夏商周古玉典型拍卖品

夏商周三代高古玉，市场上价值很高。

2003 年 9 月 1 日，拍卖时间：北京翰海"秋季玉器拍卖专场"第 1500 号拍品——商玉戈，长 15.4 厘米，以 3.2 万元人民币成交。

金沙遗址出土玉璧

湖北随州曾侯乙战国墓出土玉多节龙凤纹佩

湖北随州曾侯乙战国墓出土的玉半琮

2004年11月15日拍卖时间：天津文物"玉器鼻烟壶拍卖专场"第467号拍品——商代白玉雕兽面纹琮，高8.9厘米，以187万元人民币成交。

2009年3月18日纽约佳士得"旧金山藏中国瓷器玉器工艺美术品拍卖专场"第309号拍品——商代玉斧，长11厘米，以12.25万美元成交。

2010年4月8日香港苏富比"中国瓷器工艺品拍卖专场"第2016号拍品——战国青玉谷纹璧，外径10.8厘米，以32.5万港元成交。

2011年3月22日纽约苏富比"戴润斋珍藏瓷器及工艺品拍卖专场"第72号拍品——商末西周初期玉圭，长49.5厘米，以33.85万美元成交。

张家坡西周墓出土玉透雕龙凤人物饰

玉钺

年　　代：西周

尺　　寸：高 12.5 厘米

拍卖时间：北京太平洋 1996 年 12 月 14 日　第 122 号

估　　价：RMB 26,000 ~ 280,000

玉琮

年　　代：周代

尺　　寸：高 3.2 厘米

拍卖时间：北京翰海 2000 年 1 月 9 日　第 1129 号

估　　价：RMB 30,000 ~ 50,000

成 交 价：RMB 30,800

玉璇玑

年　　代：周代

尺　　寸：直径 13.5 厘米

拍卖时间：北京翰海 2000 年 1 月 9 日　第 1130 号

估　　价：RMB 30,000 ~ 50,000

成 交 价：RMB 31,900

旧玉璧

年　　代：商代

尺　　寸：直径 18 厘米

拍卖时间：北京翰海 2000 年 1 月 9 日　第 1131 号

估　　价：RMB 30,000 ~ 50,000

成 交 价：RMB 22,000

玉铲

年　　代：商代
尺　　寸：长 35.5 厘米
拍卖时间：北京翰海 2000 年 1 月 9 日　第 1133 号
估　　价：RMB 20,000 ～ 30,000
成 交 价：RMB 19,800

青玉蚕纹璧

年　　代：商代
尺　　寸：直径 20.5 厘米
拍卖时间：北京翰海 2000 年 7 月 3 日　第 1148 号
估　　价：RMB 30,000 ～ 50,000
成 交 价：RMB 39,600

旧玉斧形佩

年　　代：商代
尺　　寸：高 10.3 厘米
拍卖时间：北京翰海 2000 年 7 月 3 日　第 1150 号
估　　价：RMB 8,000 ～ 12,000
成 交 价：RMB 9,900

旧玉螭龙勒子

年　　代：西周
尺　　寸：长 5.2 厘米
拍卖时间：北京翰海　2000 年 12 月 11 日　第 1197 号
估　　价：RMB 15,000 ～ 18,000
成 交 价：RMB 46,200

玉兽形玦
年　　代：红山文化
尺　　寸：长 16 厘米
拍卖时间：北京翰海 2000 年 12 月 11 日
　　　　　第 1105 号
成 交 价：RMB 2,640,000

旧玉人
年　　代：战国
尺　　寸：高 4.8 厘米
拍卖时间：北京翰海 2003 年 9 月 1 日
　　　　　第 1491 号
估　　价：RMB 5,000 ~ 8,000
成 交 价：RMB 250,000

旧玉鱼
年　　代：商代
尺　　寸：长 9 厘米
拍卖时间：北京翰海 2000 年 1 月 9 日
　　　　　第 1132 号
估　　价：RMB 10,000 ~ 15,000
成 交 价：RMB 22,000

黄玉跪人璜
年　　代：西周
尺　　寸：长 11.5 厘米
拍卖时间：北京翰海 2003 年 9 月 1 日
　　　　　第 1497 号
估　　价：RMB 120,000 ~ 150,000
成 交 价：RMB 300,000

玉秦式龙形觿

年　　代：春秋

尺　　寸：长 8.2 厘米

拍卖时间：北京翰海　2010年6月6日
　　　　　第 1923 号

估　　价：RMB 20,000 ～ 30,000

成 交 价：RMB 22,400

玉双犀璜

年　　代：战国

尺　　寸：长 17.3 厘米

拍卖时间：北京翰海 2010 年 7 月 2 日
　　　　　第 1398 号

估　　价：无底价

成 交 价：RMB 1,100,000

玉双龙首璜

年　　代：战国

尺　　寸：长 12.2 厘米

拍卖时间：北京翰海 2011 年 5 月 21 日
　　　　　第 2702 号

估　　价：RMB 200,000 ～ 300,000

成 交 价：RMB 345,000

玉饰件

年　　代：西周

尺　　寸：长 2.1 厘米～ 4.6 厘米

拍卖时间：北京翰海 2011 年 5 月 21 日
　　　　　第 2726 号

估　　价：RMB 25,000 ～ 35,000

成 交 价：RMB 161,000

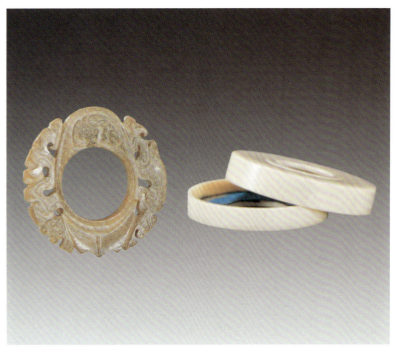

旧玉螭龙鸡心佩（象牙盒）

年　　代：战国
尺　　寸：直径 4.5 厘米
拍卖时间：北京翰海 2004 年 1 月 12 日 第 1889 号
估　　价：RMB 50,000 ～ 70,000
成 交 价：RMB 50,600

白玉云纹环

年　　代：春秋
尺　　寸：直径 5.8 厘米
拍卖时间：北京翰海 2004 年 1 月 12 日
　　　　　第 1904 号
估　　价：RMB 100,000 ～ 120,000
成 交 价：RMB 132,000

白玉雕谷纹璧

年　　代：战国时期
尺　　寸：12.4 厘米
拍卖时间：天津文物 2005 年 6 月 13 日 第 461 号
估　　价：RMB 150,000
成 交 价：RMB 165,000

旧玉锥形器勒子

年　　代：良渚文化
尺　　寸：长 11.3 厘米
拍卖时间：北京翰海 2004 年 1 月 12 日
　　　　　第 1896 号
估　　价：RMB 35,000 ～ 45,000
成 交 价：RMB 104,500

白玉雕勾云纹蝶形佩

年　　代：战国

尺　　寸：3.5 厘米

拍卖时间：天津文物 2005 年 6 月 13 日
　　　　　第 456 号

估　　价：RMB 15,000

成 交 价：RMB 16,500

玉璧

年　　代：良渚文化

尺　　寸：直径 15.7 厘米

拍卖时间：北京翰海 2004 年 1 月 12 日
　　　　　第 1907 号

估　　价：RMB 30,000 ~ 40,000

成 交 价：RMB 30,800

白玉浸色谷纹剑首

年　　代：战国时期

尺　　寸：4.8 厘米

拍卖时间：天津文物 2005 年 6 月 13 日
　　　　　第 482 号

估　　价：RMB 10,000

成 交 价：RMB 11,000

黄玉雕鸟纹佩

年　　代：商代

尺　　寸：3.9 厘米

拍卖时间：天津文物 2005 年 6 月 13 日
　　　　　第 458 号

估　　价：RMB 150,000

成 交 价：RMB 165,000

青玉素璧

年　　代：商代

尺　　寸：12 厘米

拍卖时间：天津文物 2004 年 6 月 23 日　第 246 号

估　　价：RMB 6,000

成 交 价：RMB 13,200

白玉夔龙纹玦（一对）
年　　代：西周
尺　　寸：直径 2.1 厘米
拍卖时间：北京翰海 2005 年 12 月 12 日　第 2518 号
估　　价：RMB 20,000 ~ 30,000
成 交 价：RMB 41,800

白玉浸色雕蒲纹璧
年　　代：战国时期
尺　　寸：8 厘米
拍卖时间：天津文物 2006 年 6 月 23 日　第 1058 号
估　　价：RMB 30,000
成 交 价：RMB 33,000

黄玉雕弦纹勒子
年　　代：西周
尺　　寸：2.8 厘米
拍卖时间：天津文物 2006 年 6 月 23 日　第 964 号
估　　价：RMB 30,000
成 交 价：RMB 60,500

玉璇玑式环
年　　代：龙山文化
尺　　寸：直径 13 厘米
拍卖时间：嘉德 2005 年 11 月 4 日　第 677 号
估　　价：RMB 100,000 ~ 150,000
成 交 价：RMB 176,000

旧玉人面双龙饰件
年　　代：西周
尺　　寸：长 9.3 厘米
拍卖时间：北京翰海 2006 年 7 月 30 日　第 975 号
估　　价：RMB 100,000 ~ 120,000
成 交 价：RMB 110,000

玉端兽
年　　代：春秋
尺　　寸：长 2.5 厘米
拍卖时间：北京翰海 2006 年 12 月 18 日　第 1874 号
估　　价：RMB 60,000 ~ 80,000
成 交 价：RMB 71,500

玉云纹龙
年　　代：战国
尺　　寸：长 11 厘米
拍卖时间：北京翰海 2006 年 12 月 18 日　第 1875 号
估　　价：RMB 50,000 ~ 70,000
成 交 价：RMB 57,200

玉夔龙纹璜
年　　代：西周
尺　　寸：长 9.3 厘米
拍卖时间：北京翰海 2006 年 12 月 18 日　第 1879 号
估　　价：RMB 60,000 ~ 80,000
成 交 价：RMB 66,000

玉鱼
年　　代：西周
尺　　寸：长 14 厘米
拍卖时间：北京翰海 2006 年 12 月 18 日
　　　　　第 1887 号
估　　价：RMB 60,000 ~ 100,000
成 交 价：RMB 66,000

玉龙虎四孔饰
年　　代：战国
尺　　寸：高 20 厘米
拍卖时间：北京翰海 2006 年 12 月 18 日
　　　　　第 1930 号
估　　价：RMB 1,200,000 ~ 1,600,000
成 交 价：RMB 1,760,000

玉勾云纹虎
年　　代：战国
尺　　寸：长 9.3 厘米
拍卖时间：北京翰海 2006 年 12 月 18 日
　　　　　第 1929 号
估　　价：RMB 80,000 ~ 100,000
成 交 价：RMB 93,500

青玉鱼形器（二件）
年　　代：西周
尺　　寸：长 9.2 厘米
拍卖时间：北京翰海 2006 年 12 月 18 日
　　　　　第 1887 号
估　　价：RMB 30,000 ~ 50,000
成 交 价：RMB 33,000

玉龙纹扁形勒

年　　代：春秋战国

尺　　寸：长 7.7 厘米

拍卖时间：北京翰海 2007 年 6 月 25 日
　　　　　第 1992 号

估　　价：RMB 50,000 ~ 70,000

成 交 价：RMB 85,120

玉龙纹扁形勒

年　　代：春秋

尺　　寸：长 5.7 厘米

拍卖时间：北京翰海 2007 年 6 月 25 日
　　　　　第 1993 号

估　　价：RMB 50,000 ~ 70,000

成 交 价：RMB 85,120

玉玦（二件）

年　　代：春秋

尺　　寸：直径 3.6 厘米

拍卖时间：北京翰海 2007 年 6 月 25 日
　　　　　第 1995 号

估　　价：RMB 55,000 ~ 70,000

成 交 价：RMB 61,600

玉夔龙玦（二件）

年　　代：春秋

尺　　寸：直径 3.8 厘米

拍卖时间：北京翰海 2007 年 6 月 25 日
　　　　　第 1994 号

估　　价：RMB 50,000 ~ 70,000

成 交 价：RMB 58,240

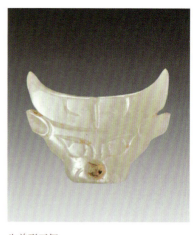

牛首形玉佩
年　　代：商晚期
尺　　寸：高 3 厘米
拍卖时间：北京翰海　2006 年 12 月 18 日
　　　　　第 1914 号
估　　价：RMB 20,000 ~ 30,000
成 交 价：RMB 30,000

玉三才瑗
年　　代：战国
尺　　寸：直径 6.1 厘米
拍卖时间：北京翰海 2006 年 12 月 18 日
　　　　　第 1899 号
估　　价：RMB 30,000 ~ 50,000
成 交 价：RMB 33,000

玉虺纹琮
年　　代：战国
尺　　寸：高 3.1 厘米
拍卖时间：北京翰海 2006 年 12 月 18 日
　　　　　第 1892 号
估　　价：RMB 40,000 ~ 60,000

玉镍
年　　代：战国
尺　　寸：长 3.7 厘米
拍卖时间：北京翰海　2006 年 12 月 18 日
　　　　　第 1920 号
估　　价：RMB 12,000 ~ 16,000
成 交 价：RMB 24,200

黄玉龙佩
年　　代：西周
尺　　寸：长 4 厘米
拍卖时间：北京翰海 2006 年 12 月 8 日
　　　　　第 1894 号
估　　价：RMB 70,000 ~ 90,000
成 交 价：RMB 77,000

玉龙纹环形器
年　　代：西周
尺　　寸：直径 12 厘米
拍卖时间：北京翰海 2007 年 6 月 25 日
　　　　　第 1996 号
估　　价：RMB 100,000 ~ 150,000
成 交 价：RMB 246,400

旧玉龙凤饰件
年　　代：春秋
尺　　寸：长 10.8 厘米
拍卖时间：北京翰海　2006 年 12 月 18 日
　　　　　第 1942 号
估　　价：RMB 40,000 ~ 60,000
成 交 价：RMB 99,000

黄玉弦纹勒子

年　　代：西周
尺　　寸：高 2.8 厘米
拍卖时间：北京翰海 2007 年 6 月 25 日
　　　　　第 1959 号
估　　价：RMB 65,000 ~ 85,000
成 交 价：RMB 76,160

玉剑首

年　　代：春秋
尺　　寸：长 5.4 厘米
拍卖时间：北京翰海 2007 年 6 月 25 日
　　　　　第 1978 号
估　　价：RMB 10,000 ~ 15,000
成 交 价：RMB 78,400

玉束腰勒子

年　　代：周代
尺　　寸：长 5.7 厘米
拍卖时间：北京翰海 2007 年 6 月 25 日
　　　　　第 1988 号
估　　价：RMB 40,000 ~ 60,000
成 交 价：RMB 89,600

玉兽面管形勒子

年　　代：商代
尺　　寸：高 3 厘米
拍卖时间：北京翰海 2007 年 6 月 25 日
　　　　　第 1987 号
估　　价：RMB 40,000 ~ 60,000
成 交 价：RMB 47,040

玉兽面纹佩

年　　代：商代
尺　　寸：高 6.4 厘米
拍卖时间：北京翰海 2007 年 6 月 25 日
　　　　　第 1989 号
估　　价：RMB 60,000 ~ 80,000
成 交 价：RMB 67,200

玉虎形佩

年　　代：西周
尺　　寸：4.7 厘米
拍卖时间：北京翰海 2007 年 6 月 25 日
　　　　　第 1990 号
估　　价：RMB 50,000 ~ 70,000
成 交 价：RMB 89,600

玉虎

年　　代：西周晚期
尺　　寸：长 5 厘米
拍卖时间：北京翰海 2007 年 6 月 25 日
　　　　　第 1991 号
估　　价：RMB 55,000 ~ 70,000
成 交 价：RMB 61,600

玉凤鸟
年　　代：西周
尺　　寸：长 6 厘米
拍卖时间：北京翰海 2006 年 12 月 18 日　第 1886 号
估　　价：RMB 30,000 ~ 50,000
成 交 价：RMB 33,000

玉素环
年　　代：文化期
尺　　寸：直径 10.8 厘米
拍卖时间：北京翰海 2008 年 12 月 7 日　第 1617 号
估　　价：RMB 90,000 ~ 120,000
成 交 价：RMB 100,800

御题古玉英雄佩（局部）
年　　代：商周
尺　　寸：长 35.5 厘米
拍卖时间：北京翰海 2006 年 12 月 18 日　第 1923 号
估　　价：RMB 2,800,000 ~ 3,600,000
成 交 价：RMB 5,500,000

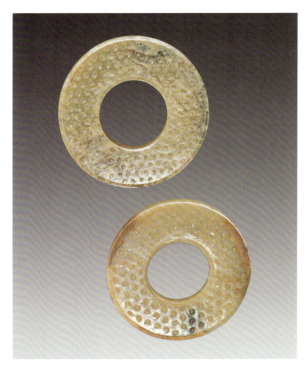

玉谷纹璧
年　　代：战国
尺　　寸：直径 7 厘米
拍卖时间：北京翰海 2006 年 12 月 18 日　第 1881 号
估　　价：RMB 80,000 ~ 120,000
成 交 价：RMB 88,000

玉龙纹璧
年　　代：商代
尺　　寸：直径 5.8 厘米
拍卖时间：北京翰海 2007 年 6 月 25 日　第 2022 号
估　　价：RMB 330,000 ~ 500,000
成 交 价：RMB 560,000

玉出戟龙形佩
年　　代：商代
尺　　寸：长 7.7 厘米
拍卖时间：北京翰海 2007 年 6 月 25 日　第 2031 号
估　　价：RMB 480,000 ~ 680,000
成 交 价：RMB 537,600

玉猪首龙形佩
年　　代：红山文化
尺　　寸：高 7.4 厘米
拍卖时间：北京翰海 2007 年 6 月 25 日　第 2032 号
估　　价：RMB 1,200,000 ~ 1,600,000
成 交 价：RMB 1,568,000

玉跪人 "遇贵人"
年　　代：春秋
尺　　寸：高 2.3 厘米
拍卖时间：北京翰海 2007 年 6 月 25 日　第 2038 号
估　　价：RMB 60,000 ~ 80,000
成 交 价：RMB 89,600

玉珠串（108 粒）
年　　代：文化期
尺　　寸：不详
拍卖时间：北京翰海 2008 年 12 月 7 日　第 1621 号
估　　价：RMB 160,000 ～ 200,000
成 交 价：RMB 179,200

鱼鸟兽文钺形器
年　　代：文化期
尺　　寸：高 10.7 厘米
拍卖时间：北京翰海 2008 年 12 月 7 日　第 1618 号
估　　价：RMB 40,000 ～ 60,000
成 交 价：RMB 44,800

玉兔
年　　代：西周
尺　　寸：长 3 厘米
拍卖时间：北京翰海 2010 年 6 月 6 日　第 1915 号
估　　价：RMB 20,000 ～ 30,000
成 交 价：RMB 28,000

剑首
年　　代：良渚文化
尺　　寸：高 5.5 厘米
拍卖时间：北京翰海 2010 年 6 月 6 日　第 1937 号
估　　价：RMB 800,000 ～ 1,000,000
成 交 价：RMB 896,000

黄玉龙首戈形佩
年　　代：商代
尺　　寸：长 7.3 厘米
拍卖时间：北京翰海 2008 年 12 月 7 日　第 1624 号
估　　价：RMB 120,000 ~ 160,000
成 交 价：RMB 145,800

青玉龙首纹面饰
年　　代：商晚期
尺　　寸：高 3 厘米
拍卖时间：北京翰海 2008 年 12 月 7 日　第 1625 号
估　　价：RMB 58,000 ~ 70,000
成 交 价：RMB 64,960

玉谷纹环
年　　代：战国
尺　　寸：直径 8.3 厘米
拍卖时间：北京翰海 2008 年 12 月 7 日　第 1638 号
估　　价：RMB 80,000 ~ 100,000
成 交 价：RMB 89,600

大型墨绿玉璧
年　　代：新石器晚期
尺　　寸：直径 34.1 厘米
拍卖时间：纽约佳士得　2009 年 3 月 18 日　第 277 号
估　　价：USD 20,000 ~ 30,000
成 交 价：USD 194,500

新石器时代良渚文化玉璧

年　　代：良渚文化期

尺　　寸：直径 15.5 厘米

拍卖时间：纽约佳士得　2009 年 3 月 18 日

估　　价：USD 15,000 ～ 20,000

成 交 价：USD 104,500

玉方形勒子

年　　代：西周

尺　　寸：高 3.1 厘米

拍卖时间：北京翰海 2010 年 6 月 6 日　第 1926 号

估　　价：RMB 30,000 ～ 50,000

成 交 价：RMB 53,760

玉斧

年　　代：商

尺　　寸：长 11 厘米

拍卖时间：纽约佳士得　2009 年 3 月 18 日　第 309 号

估　　价：USD 4,000 ～ 6,000

成 交 价：USD 122,500

玉蛙形饰件

年　　代：西周

尺　　寸：高 6 厘米

拍卖时间：北京翰海 2010 年 6 月 6 日　第 1916 号

估　　价：RMB 100,000 ～ 120,000

成 交 价：RMB 112,000

青玉乳钉夔龙璧
年　　代：周代
尺　　寸：直径 25.3 厘米
拍卖时间：北京翰海 2003 年 9 月 1 日　第 1489 号
估　　价：RMB 100,000 ~ 150,000
成 交 价：RMB 100,000

玉圭
年　　代：商代
尺　　寸：高 17.5 厘米
拍卖时间：北京翰海 2003 年 9 月 1 日　第 1501 号
估　　价：RMB 10,000 ~ 15,000
成 交 价：RMB 62,000

白玉琮形管
年　　代：西周
尺　　寸：高 7.7 厘米
拍卖时间：北京翰海　2003 年 9 月 1 日　第 1495 号
估　　价：RMB 15,000 ~ 25,000
成 交 价：RMB 200,000

碧玉戚
年　　代：商代
尺　　寸：长 12.4 厘米
拍卖时间：北京翰海 2003 年 9 月 1 日　第 1499 号
估　　价：RMB 12,000 ~ 20,000
成 交 价：RMB 210,000

玉鸟（二件）

年　　代：西周

尺　　寸：长 4.8 厘米

拍卖时间：北京翰海 2010 年 6 月 6 日　第 1919 号

估　　价：RMB 100,000 ~ 120,000

成 交 价：RMB 112,000

玉螭龙

年　　代：战国

尺　　寸：高 6.1 厘米

拍卖时间：北京翰海 2010 年 12 月 12 日　第 2443 号

估　　价：RMB 40,000 ~ 60,000

成 交 价：RMB 156,800

玉环

年　　代：良渚文化

尺　　寸：直径 9.7 厘米

拍卖时间：北京翰海 2010 年 6 月 6 日　第 1934 号

估　　价：RMB 30,000 ~ 50,000

成 交 价：RMB 53,760

白玉谷纹环

年　　代：战国

尺　　寸：直径 9.9 厘米

拍卖时间：北京翰海 2010 年 6 月 6 日　第 1930 号

估　　价：RMB 30,000 ~ 50,000

成 交 价：RMB 33,600

玉琮
年　　代：西周
尺　　寸：高 4 厘米
拍卖时间：北京翰海 2010 年 6 月 6 日　第 1936 号
估　　价：RMB 20,000 ~ 30,000
成 交 价：RMB 34,720

玉琮
年　　代：战国
尺　　寸：高 4.8 厘米
拍卖时间：北京翰海 2010 年 6 月 6 日　第 1948 号
估　　价：RMB 68,000 ~ 80,000
成 交 价：RMB 72,800

人面纹黄玉饰
年　　代：商早期
尺　　寸：高 6.2 厘米
拍卖时间：北京翰海 2010 年 7 月 2 日　第 1423 号
估　　价：RMB 300,000 ~ 400,000
成 交 价：RMB 693,000

玉虎
年　　代：战国
尺　　寸：长 2 厘米
拍卖时间：北京翰海 2011 年 5 月 21 日　第 2685 号
估　　价：RMB 80,000 ~ 100,000
成 交 价：RMB 92,000

玉虎
年　　代：商代
尺　　寸：长 4.5 厘米
拍卖时间：北京翰海 2011 年 5 月 21 日　第 2728 号
估　　价：RMB 25,000 ~ 35,000
成 交 价：RMB 78,200

玉兔
年　　代：商代
尺　　寸：长 5.4 厘米
拍卖时间：北京翰海 2011 年 5 月 21 日　第 2729 号
估　　价：RMB 25,000 ~ 35,000
成 交 价：RMB 48,300

玉龙形觿
年　　代：战国
尺　　寸：长 9 厘米
拍卖时间：北京翰海 2011 年 5 月 21 日　第 2705 号
估　　价：RMB 700,000 ~ 900,000
成 交 价：RMB 1,092,500

玉刀
年　　代：商代
尺　　寸：长 7.6 厘米
拍卖时间：北京翰海 2011 年 5 月 21 日　第 2730 号
估　　价：RMB 25,000 ~ 35,000
成 交 价：RMB 27,600

秦汉玉器

中国古代玉器拍卖投资考成汇典

ZHONG GUO GU DAI YU QI
PAI MAI TOU ZI
KAO CHENG HUI DIAN

1. 秦汉玉器概况

秦汉时期，尤其在汉代时期，是中国古玉发展的一个高峰期。汉代通西域，建立了丝绸之路，新疆和田玉得以大量进入中原地区，故汉玉选料更精，白玉的使用开始兴盛，成为玉器中上品。汉代出土玉器发现于河北满城、广东广州、北京大葆台、湖南长沙、河南烧沟、陕西杨家湾、山东九龙山、安徽亳县、广西贵县以及山东荣成等地的汉墓之中。

汉代玉器分为玉礼器、玉装饰品、葬玉和玉陈设品四大类，其中葬玉是历代玉器中最突出的一类。古人玩玉，最推崇汉玉，有大量汉玉传世品在民间。但汉代儒生对古玉器的名称、形状、使用方式进行了记述和解释，与考古发现的玉器并不相符。

皇后之玺
（西汉早期 咸阳韩家湾狼家沟出土）

汉代之后的魏晋南北朝，长达近四百年，一直是政局动荡，战乱不息，经济萧条，当时士族流行服食五石散，把玉石看作是"仙药"，认为"服玉者，寿如玉"，导致觅玉吃玉之风盛行，对玉器发展产生了负面影响。这一时期玉器出土品很少，仅在河南洛阳曹魏墓，陕西华阴晋墓，江苏南京象山、郭家山、宝贵山等地东晋墓，辽宁北票北燕冯素弗墓及江西南昌市郊和安徽芜湖等地区的南北朝时期墓葬中有少量出土，品种有高柄玉杯、玉耳杯、玉盏、蝉形玉含、玉辟邪、玉猪、浮雕凤纹玉带钩、鸡心玉佩、珩形玉佩等，长期居于主导地位的礼玉和葬玉已基本绝迹，装饰玉器渐成玉器的主流。魏晋玉器的造型、工艺和艺术风格继承汉代传统，与汉代玉器仅稍有差别，但做工和玉料质地都劣于汉代。

东汉 玉座屏
（河北定县四十三号汉墓出土）

2. 秦汉玉器典型拍卖品

1996 年 4 月 20 日，中国嘉德"瓷器玉器鼻烟壶工艺品专场"第 762 号拍品——战国青玉兽面纹剑格，长 6 厘米，最终以 3.85 万元人民币成交。

1996 年 11 月 15 日，拍卖时间：北京翰海"中国玉器专场"第 0729 号拍品——汉玉雕兽面纹剑珌，长 12.6 厘米，以 2.86 万元人民币成交。

2004 年 11 月 22 日，拍卖时间：北京翰海"秋季玉器专场"第 2299 号拍品——汉玉人面（六件），长 7.9 厘米 ~ 20.6 厘米，以 286 万元人民币成交。

2009 年 11 月 10 日，拍卖时间：北京翰海"十五周年庆典中国玉器专场"第 2345 号拍品——汉踞坐吏玉灯盘，高 8.5 厘米，以 604.8 万元人民币成交。

2010 年 4 月 8 日香港苏富比"中国瓷器及工艺品专场"第 2022 号拍品——白玉璧，外径 6.8 厘米，以 31.2 万港元成交。

2011 年 6 月 5 日北京保利"感于斯文——宫廷逸趣与诗书画印专场拍卖"第 7175 号拍品——汉龙凤饕餮纹玉璧，外径 13.2 厘米，以 126.5 万元人民币成交。

青玉卧蚕纹璧

年　　代：汉代
尺　　寸：直径 14.3 厘米
拍卖时间：嘉德 1999 年 4 月 21 日　第 1017 号
估　　价：RMB 45,000 ～ 55,000
成 交 价：RMB 49,500

青玉蒲纹璧

年　　代：汉代
尺　　寸：直径 10.6 厘米
拍卖时间：嘉德 1999 年 4 月 21 日　第 1018 号
估　　价：RMB 20,000 ～ 30,000
成 交 价：RMB 35,200

玉带皮螭虎佩

年　　代：西汉
尺　　寸：长 12 厘米
拍卖时间：北京翰海 2000 年 12 月 11 日　第 1176 号
估　　价：RMB 40,000 ～ 60,000
成 交 价：RMB 73,700

旧玉卧蚕纹勒

年　　代：汉代
尺　　寸：长 7.5 厘米
拍卖时间：北京翰海 2004 年 1 月 12 日　第 1898 号
估　　价：RMB 80,000 ～ 100,000
成 交 价：RMB 82,500

玉蝉
年　　代：汉代
尺　　寸：9.3 厘米
拍卖时间：嘉德 1999 年 4 月 21 日　第 1019 号
估　　价：RMB 30,000 ～ 50,000
成 交 价：RMB 30,800

玉双虎镇
年　　代：西汉
尺　　寸：直径 5.6 厘米
拍卖时间：北京翰海 2000 年 12 月 11 日　第 1186 号
估　　价：RMB 28,000 ～ 35,000
成 交 价：RMB 49,500

白玉猪
年　　代：汉代
尺　　寸：长 6.1 厘米
拍卖时间：北京翰海 2003 年 9 月 1 日　第 1484 号
估　　价：RMB 20,000 ～ 30,000
成 交 价：RMB 52,000

玉鸠
年　　代：汉代
尺　　寸：长 9 厘米
拍卖时间：北京翰海 2004 年 1 月 12 日　第 1919 号
估　　价：RMB 100,000 ～ 120,000
成 交 价：RMB 99,000

旧玉龙
年　　代：汉代
尺　　寸：长 3.8 厘米
拍卖时间：北京翰海 2004 年 1 月 12 日　第 1902 号
估　　价：RMB 3,000～10,000
成 交 价：RMB 3,300

白玉舞伎佩
年　　代：汉代
尺　　寸：3.4 厘米
拍卖时间：天津文物 2004 年 6 月 23 日 第 322 号
估　　价：RMB 22,000
成 交 价：RMB 42,200

青玉雕兽面纹、蒲纹璧
年　　代：汉代
尺　　寸：21.8 厘米
拍卖时间：天津文物 2005 年 6 月 13 日　第 460 号
估　　价：RMB 50,000
成 交 价：RMB 55,000

玉螭龙剑格
年　　代：汉代
尺　　寸：长 5 厘米
拍卖时间：北京翰海 2004 年 1 月 12 日　第 1892 号
估　　价：RMB 8,000～15,000
成 交 价：RMB 8,800

白玉沁色龙首凤尾带钩

年　　代：汉代

尺　　寸：8.2 厘米

拍卖时间：天津文物

　　　　　2004 年 6 月 23 日

　　　　　第 334 号

估　　价：RMB 15,000

成 交 价：RMB 52,800

玉雕螭龙纹剑璏

年　　代：汉代

尺　　寸：长 9.3 厘米

拍卖时间：北京翰海

　　　　　2005 年 12 月 12 日

　　　　　第 2525 号

估　　价：RMB 6,000 ~ 8,000

成 交 价：RMB 6,600

白玉浸色雕兽面纹璏

年　　代：汉代

尺　　寸：11.1 厘米

拍卖时间：天津文物

　　　　　2006 年 6 月 23 日

　　　　　第 1054 号

估　　价：RMB 36,000

成 交 价：RMB 39,600

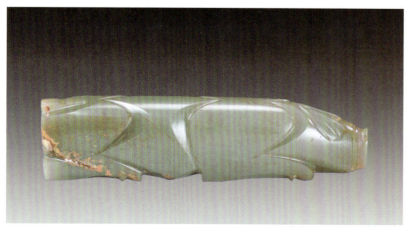

青玉雕握猪

年　　代：汉

尺　　寸：长 11.1 厘米

拍卖时间：天津文物

　　　　　2006 年 6 月 23 日

　　　　　第 1055 号

估　　价：RMB 100,000 ~ 150,000

成 交 价：RMB 107,800

玉猪

年　　代：汉代

尺　　寸：长 8.5 厘米

拍卖时间：北京翰海

　　　　　2006 年 12 月 18 日

　　　　　第 1908 号

估　　价：RMB 16,000 ~ 25,000

成 交 价：RMB 35,000

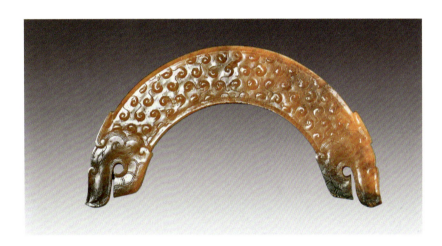

玉谷纹双龙首璜

年　　代：汉代

尺　　寸：长 9.1 厘米

拍卖时间：北京翰海

　　　　　2006 年 12 月 18 日

　　　　　第 1933 号

估　　价：RMB 40,000 ~ 60,000

成 交 价：RMB 49,500

玉双龙璜

年　　代：汉代

尺　　寸：长 8.1 厘米

拍卖时间：北京翰海

　　　　　2006 年 12 月 18 日

　　　　　第 1883 号

估　　价：RMB 100,000 ~ 150,000

成 交 价：RMB 107,800

玉蝉

年　　代：汉代

尺　　寸：长 3 厘米

拍卖时间：北京翰海

　　　　　2006 年 12 月 18 日

　　　　　第 1906 号

估　　价：RMB 8,000 ~ 12,000

成 交 价：RMB 22,000

白玉镂雕夔凤纹璧

年　　代：汉代

尺　　寸：直径 9.2 厘米

拍卖时间：北京翰海 2005 年 12 月 12 日　第 2508 号

估　　价：RMB 200,000 ~ 300,000

成 交 价：RMB 220,000

玉蒲纹璧

年　　代：汉代

尺　　寸：直径 17 厘米

拍卖时间：北京翰海　005 年 12 月 12 日　第 2525 号

估　　价：RMB 10,000 ~ 15,000

成 交 价：RMB 25,300

白玉汤匙

年　　代：汉代

尺　　寸：15.3 厘米

拍卖时间：天津文物　2005 年 6 月 13 日　第 524 号

估　　价：RMB 30,000

白玉人面佩

年　　代：汉代

尺　　寸：长 4.5 厘米

拍卖时间：北京翰海 2006 年 12 月 18 日　第 1925 号

估　　价：RMB 60,000 ~ 80,000

成 交 价：RMB 165,000

玉剑珌
年　　代：汉代
尺　　寸：长 8 厘米
拍卖时间：北京翰海 2006 年 12 月 18 日　第 1918 号
估　　价：RMB 35,000 ~ 50,000
成 交 价：RMB 46,000

白玉雕风纹勒子
年　　代：汉代
尺　　寸：6.6 厘米
拍卖时间：天津文物 2005 年 6 月 13 日　　第 680 号
估　　价：RMB 20,000
成 交 价：RMB 22,000

玉剑珌
年　　代：汉代
尺　　寸：长 6.5 厘米
拍卖时间：北京翰海 2006 年 12 月 18 日　第 1919 号
估　　价：RMB 40,000 ~ 60,000
成 交 价：RMB 44,000

玉羊
年　　代：汉代
尺　　寸：长 2.6 厘米
拍卖时间：北京翰海 2006 年 12 月 18 日　第 1905 号
估　　价：RMB 90,000 ~ 120,000
成 交 价：RMB 99,000

白玉琮
年　　代：汉
尺　　寸：直径 4.4 厘米
拍卖时间：北京翰海 2007 年 6 月 25 日
　　　　　第 1997 号
估　　价：RMB 35,000 ~ 55,000
成 交 价：RMB 39,200

玉谷纹璧
年　　代：西汉
尺　　寸：直径 7.5 厘米
拍卖时间：北京翰海 2007 年 6 月 25 日
　　　　　第 2006 号
估　　价：RMB 40,000 ~ 60,000
成 交 价：RMB 69,440

玉龙带钩
年　　代：汉代
尺　　寸：长 3.8 厘米
拍卖时间：北京翰海 2007 年 6 月 25 日
　　　　　第 2007 号
估　　价：RMB 22,000 ~ 30,000
成 交 价：RMB 24,640

玉剑饰器（四件）
年　　代：汉代
尺　　寸：长 4.9 厘米 ~ 8.7 厘米
拍卖时间：北京翰海 2007 年 6 月 25 日 第 2009 号
估　　价：RMB 160,000 ~ 220,000
成 交 价：RMB 201,600

玉琴线调节器
年　　代：汉代
尺　　寸：高 4.6 厘米
拍卖时间：北京翰海 2007 年 6 月 25 日
　　　　　第 2036 号
估　　价：RMB 50,000 ~ 70,000
成　交　价：RMB 58,240

玉蚱蜢
年　　代：汉代
尺　　寸：长 3 厘米
拍卖时间：北京翰海 2007 年 6 月 25 日
　　　　　第 1962 号
估　　价：RMB 20,000 ~ 30,000
成　交　价：RMB 44,800

玉双龙首云纹带钩
年　　代：西汉
尺　　寸：长 12 厘米
拍卖时间：北京翰海 2008 年 12 月 7 日
　　　　　第 1642 号
估　　价：RMB 100,000 ~ 150,000
成　交　价：RMB 201,600

玉龙形佩
年　　代：汉代
尺　　寸：长 10.3 厘米
拍卖时间：北京翰海 2007 年 6 月 25 日　第 2020 号
估　　价：RMB 200,000 ~ 300,000
成　交　价：RMB 246,400

玉双龙纹谷纹出廓璧

年　　代：汉代

尺　　寸：长 21.6 厘米

拍卖时间：北京翰海 2007 年 6 月 25 日　第 2030 号

估　　价：RMB 1,200,000 ~ 1,600,000

成 交 价：RMB 2,072,000

玉镂空螭龙佩

年　　代：汉代

尺　　寸：高 7.6 厘米

拍卖时间：北京翰海 2006 年 12 月 18 日　第 1926 号

估　　价：RMB 80,000 ~ 120,000

成 交 价：RMB 88,000

玉牛

年　　代：西周

尺　　寸：长 4.7 厘米

拍卖时间：北京翰海 2006 年 12 月 18 日　第 1911 号

估　　价：RMB 180,000 ~ 250,000

成 交 价：RMB 220,000

工字佩、玉勒（五件）

年　　代：商汉

尺　　寸：高 2.4 厘米 ~ 3.6 厘米

拍卖时间：北京翰海　2011 年 5 月 21 日　第 2691 号

估　　价：RMB 50,000 ~ 70,000

成 交 价：RMB 112,700

玉乳钉纹璧

年　　代：西汉
尺　　寸：直径 16 厘米
拍卖时间：北京翰海　2011 年 5 月 21 日　第 2698 号
估　　价：RMB 320,000 ~ 380,000
成 交 价：RMB 483,000

玉龙纹韘形佩

年　　代：东汉
尺　　寸：高 7.7 厘米
拍卖时间：北京翰海　2011 年 5 月 21 日　第 2706 号
估　　价：RMB 800,000 ~ 1,200,000
成 交 价：RMB 2,127,500

龙凤饕餮纹玉璧

年　　代：汉代
尺　　寸：直径 13.2 厘米
拍卖时间：北京保利　2011 年 6 月 5 日　第 7175 号
估　　价：RMB 1,000,000 ~ 1,500,000
成 交 价：RMB 1,265,000

旧玉螭龙剑饰

年　　代：汉代
尺　　寸：高 3.4 厘米
拍卖时间：北京翰海 2010 年 7 月 2 日　第 1393 号
估　　价：RMB 20,000 ~ 30,000
成 交 价：RMB 55,000

玉勾云纹剑珌

年　　代：西汉
尺　　寸：高 4.4 厘米
拍卖时间：北京翰海 2010 年 12 月 12 日
　　　　　　第 2489 号
估　　价：RMB 80,000 ~ 100,000
成 交 价：RMB 123,200

玉扭丝瑗

年　　代：汉代
尺　　寸：直径 5.3 厘米
拍卖时间：北京翰海 2011 年 5 月 21 日
　　　　　　第 2679 号
估　　价：RMB 50,000 ~ 70,000
成 交 价：RMB 126,500

踞坐吏玉灯盏

年　　代：汉代
尺　　寸：高 8.5 厘米
拍卖时间：北京翰海 2009 年 11 月 10 日
　　　　　　第 2345 号
估　　价：RMB 2,500,000 ~ 2,800,000
成 交 价：RMB 122,500

玉象书镇

年　　代：汉代
尺　　寸：高 7.3 厘米 长 805 厘米
拍卖时间：杭州西泠印社
　　　　　　2009 年 12 月 20 日 第 1672 号
估　　价：RMB 120,000 ~ 150,000
成 交 价：RMB 190,400

玉羊

年　　代：汉代
尺　　寸：长 4 厘米
拍卖时间：北京翰海 2011 年 5 月 21 日
　　　　　　第 2684 号
估　　价：RMB 250,000 ~ 280,000
成 交 价：RMB 264,500

玉凤形佩

年　　代：汉代
尺　　寸：高 4.8 厘米
拍卖时间：北京翰海 2011 年 5 月 21 日
　　　　　　第 2700 号
估　　价：RMB 120,000 ~ 160,000
成 交 价：RMB 126,500

玉 S 龙

年　　代：汉代

尺　　寸：高 8 厘米

拍卖时间：北京翰海

　　　　　2010 年 6 月 6 日

　　　　　第 1872 号

估　　价：RMB 80,000 ～ 100,000

成 交 价：RMB 89,600

旧玉佩饰（六粒）

年　　代：汉代

拍卖时间：北京翰海

　　　　　2010 年 7 月 2 日

　　　　　第 1404 号

估　　价：RMB 20,000 ～ 30,000

成 交 价：RMB 66,000

白玉双兽璜

年　　代：汉代

尺　　寸：长 16.8 厘米

拍卖时间：北京翰海

　　　　　2010 年 7 月 2 日

　　　　　第 1397 号

估　　价：RMB 60,000 ～ 80,000

成 交 价：RMB 93,500

玉螭龙纹剑璲

年　　代：西汉

尺　　寸：高 9 厘米

拍卖时间：北京翰海

　　　　　2010 年 6 月 6 日

　　　　　第 1949 号

估　　价：RMB 150,000 ～ 250,000

成 交 价：RMB 168,000

翁仲
年　　代：东汉
尺　　寸：直径 6.5 厘米
拍卖时间：匡时 2010 年 6 月 6 日　第 1279 号
估　　价：RMB 220,000 ~ 250,000
成 交 价：RMB 268,000

白玉蝉（二件）
年　　代：汉代
尺　　寸：高 6.1 厘米
拍卖时间：北京翰海 2010 年 6 月 6 日　第 1913 号
估　　价：RMB 100,000 ~ 150,000
成 交 价：RMB 112,000

玉龙形佩
年　　代：汉代
尺　　寸：长 6.8 厘米
拍卖时间：北京翰海 2010 年 6 月 6 日　第 1925 号
估　　价：RMB 60,000 ~ 90,000
成 交 价：RMB 67,200

玉牒形佩
年　　代：东汉
尺　　寸：高 7 厘米
拍卖时间：北京翰海 2010 年 6 月 6 日　第 1938 号
估　　价：RMB 1,000,000 ~ 1,200,000
成 交 价：RMB 1,120,000

隋唐玉器

中国古代玉器拍卖
投资考成汇典

ZHONG GUO GU DAI YU QI
PAI MAI TOU ZI
KAO CHENG HUI DIAN

1. 隋唐玉器概况

考古发现的隋代玉器很少。根据唐代出土玉器与传世玉器的情况，可分为礼玉、象生玉器、装饰用玉、刻字玉册等品种。唐代玉器上的卷云纹、如意云纹、水波纹、连珠纹、卷草纹、莲花纹等都是新出现的纹饰。以两个动物相对组成纹样，如对凤、对鹤、对雁、对壳、对熊等，源于波斯萨珊王朝，也成为唐代习用纹饰。唐代玉器上使用阴刻细线来刻画形象的细部，玉雕人物、动物的雕塑感很强，强调表现肌肉、动态、力量、体积感，具有较高的艺术品质。

2. 隋唐玉器典型拍卖品

2000 年 1 月 9 日，拍卖时间：北京翰海"中国玉器专场"第 1091 号拍品——唐代玉发冠，高 8 厘米，以 5.06 万元人民币成交。

2003 年 8 月 10 日，云南文化艺术品拍卖中心拍卖品——唐代白玉飞天，长 8 厘米，以 18.7 万元人民币成交。

2004 年 5 月 16 日，北京荣宝"古董珍玩专场"第 0544 号拍品——唐代白玉雕桃叶盘，长 20 厘米，以 60.5 万元人民币成交。

2009 年 11 月 14 日，拍卖时间：天津文物"中国玉器专场"第 555 号拍品——唐代白玉沁色盖罐，高 5 厘米，以 44 万元人民币成交。

2010 年 4 月 8 日，香港苏富比"中国瓷器及工艺品专场"第 2027 号拍品——唐代白玉花卉纹梳背，长 12.2 厘米，以 16.25 万港元成交。

2011 年 4 月 8 日，香港苏富比拍卖公司"优秀中国瓷器及工艺精品拍卖专场"第 3261 号拍品——镂雕狮子戏莲玉佩，长 5.7 厘米，以 20 万元港元成交。

唐代　青玉飞天
（北京故宫博物院藏）

黄玉神兽
年　　代：唐代
尺　　寸：长6厘米
拍卖时间：北京翰海 2008 年 12 月 7 日　第 1465 号
估　　价：RMB 120,000 ~ 150,000
成 交 价：RMB 134,400

玉法冠
年　　代：唐代
尺　　寸：高8厘米
拍卖时间：北京翰海 2000 年 1 月 9 日　第 1091 号
估　　价：RMB 60,000 ~ 90,000
成 交 价：RMB 50,600

白玉人物带板
年　　代：唐代
尺　　寸：长5.5厘米
拍卖时间：北京翰海 2000 年 1 月 9 日　第 1128 号
估　　价：RMB 10,000 ~ 12,000
成 交 价：RMB 28,000

玉胡人献宝带饰
年　　代：唐代
尺　　寸：长4.9厘米
拍卖时间：北京翰海 2007 年 6 月 25 日　第 2008 号
估　　价：RMB 60,000 ~ 80,000
成 交 价：RMB 196,000

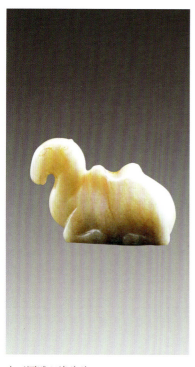

青玉雕击鼓人物
年　　代：唐代
尺　　寸：5.1 厘米
拍卖时间：天津文物 2005 年 6 月 13 日
　　　　　第 517 号
估　　价：RMB 8,000
成 交 价：RMB 22,000

玉鼠坠
年　　代：唐代
尺　　寸：长 5.3 厘米
拍卖时间：北京翰海 2000 年 7 月 3 日
　　　　　第 1176 号
估　　价：RMB 8,000 ~ 12,000
成 交 价：RMB 28,600

白玉圆雕双峰骆驼
年　　代：唐代
尺　　寸：长 5.8 厘米
拍卖时间：匡时 2010 年 12 月 4 日
　　　　　第 181 号
估　　价：RMB 80,000 ~ 120,000
成 交 价：RMB 123,200

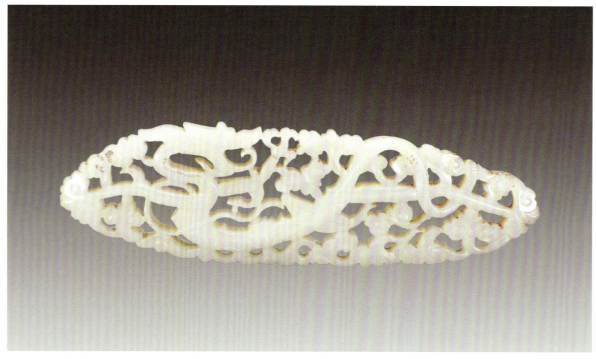

白玉透雕龙纹饰件
年　　代：唐代
尺　　寸：长 11 厘米
拍卖时间：北京翰海 2000 年 1 月 9 日 第 1134 号
估　　价：RMB 20,000 ~ 30,000
成 交 价：RMB 50,600

宋元玉器

中国古代玉器拍卖投资考成汇典

ZHONG GUO GU DAI YU QI

PAI MAI TOU ZI

KAO CHENG HUI DIAN

1. 宋代玉器概况

宋代因玉料来源不畅，玉礼器多以石器代之，做工因陋就简，而且由少府按五代人聂崇义《三礼图》制作，故宋代玉礼器的工艺成就不高，不再是玉器中主流。

据文献记载，宋代仿古玉器成就很高，但迄今未找到能得到公认的实物。宋代传世仿古玉器有六瑞、六器、环佩管坠、钩鞢、剑饰、含握葬玉及玉圆雕人兽等，仿制风格从史前古玉到隋唐逐渐绝迹的旧玉器品种和纹饰。所用玉料有白玉、青玉、墨玉、玛瑙等，纹饰以花卉、飞禽、童子、等为主，采用镂雕技法进行表现，格调清新雅致，对后世玉器的发展具有深远的影响。明代学者高濂盛赞"宋工制玉，发古之巧，形后之拙，无奈宋人焉"。

考古出土的宋代玉器不多，大多数是玉首饰、玉服饰。传世宋玉多为优质的白玉和青玉，品种以陈设品、佩饰为主，兼有实用功能的玩赏物，文房用品、玉童子坠是这时新创。玉童的特征是：发髻在头顶，后脑大，面目五官集中，眼形为上部弯弧的半圆形，八字眉下撇，耳近眼梢，细鼻，口唇极小，身着短上衣或罩小马甲，窄袖上有三至五道阴线表现褶皱，手握拳与袖平齐，下着肥腿裤，露脚踝，以阴线刻示鞋，形态生动，或攀枝玩耍，或行走舞蹈，常见的是持举荷叶站立。宋代玉兽一般是玩赏品，特征是玉兽体态细瘦，背部琢出节节凸起的脊骨。宋代花鸟饰玉，借鉴了宋代高度发展的花鸟画形式，并出现写生花样式，工艺成就很高。

2. 辽金玉器概况

辽、金代玉器主要是象生玉器、玉器皿及大量的花鸟鱼虫纹样的玉饰品；纹样中有宋代流行的花鸟纹样，也有辽民族传统特色的虎鹿山林、鹰鹘雁鹅等纹样。由于金史中将有鹘攫天鹅图案的服饰称为"春水之饰"，将虎鹿山林图案的服饰称为"秋山之饰"，故现在学术界将具有这两种图案的玉器称为"春水玉"和"秋山玉"。

"春水玉"以鹘攫天鹅为主要纹样，用镂雕技法制作，鹘体态小巧，矫捷勇猛，天鹅则惊惶失

南宋建炎四年赵仲湮墓出土青玉人物玉带跨

青玉画笔 南宋
（浙江衢州王家乡瓜园村史绳祖墓出土）

水晶笔山 南宋
（浙江衢州王家乡瓜园村史绳祖墓出土）

措，仓皇躲匿。"秋山玉"以虎蹲伏，鹿在山林中奔驰的场景为主要纹样，或单面雕，或双面雕。这两类装饰题材与传统的礼玉有着本质的区别，是我国北方契丹、女真民族春秋季节游牧射猎生活的具体反映，极富草原游牧民族的特色。

"春水玉"和"秋山玉"纹样相同题材的具体构图不重复。传世的"春水玉"和"秋山玉"在年代上暂定是金代，但不排除辽代已有这类性质的作品。

3. 元代玉器概况

元代是蒙古贵族建立的大一统王朝，历时仅百年。由于蒙古贵族不杀工匠，所以宋代玉器工艺传统得以延续，元代在大都、杭州等地设有官办玉器作坊，专为皇室制作宫廷用玉。民间玉器作坊有了较大的发展，生产各种生活用玉器，主要有玉杯、玉碗、玉乐器(笛、管)、玉带钩(官服用)、挂屏、花饰、扇柄坠、帐坠、刀柄、梳背、佩饰、花鸟、瑞兽、人物、佛像等。

元代出土玉器不多，主要是江苏无锡钱裕墓、安徽安庆范文虎墓，以及北京、辽宁喀左、江苏苏州等地元墓的出土玉器，有玉杯、玉壶、玉印、玉带钩和其他一些小型玉饰品。

元代玉器已世俗化，大部分作品不强调"以玉比德"的礼玉特性，采用民族风情纹样和吉祥花鸟、瑞兽、花鸟纹，使元代玉器富有生活气息和朴实自然的风格，为明清民间玉器多样化发展开辟了新路。

元代大件玉器的工艺特征较明显，由于推落去料都采用打筒钻的方法，筒钻往往会打深了，也没有办法将钻痕处理干净，因此在浮雕的深处往往会留有钻痕和砣痕。另外，元代玉工选料不精，致使玉器抛光不好，也是特点。

4. 宋元玉器典型拍卖品

渎山大玉海　元代
(北京团城玉瓮亭藏)

青玉镂空龙凤钮 元代
(北京故宫博物院藏)

1998 年 10 月 28 日，中国嘉德"瓷器家具工艺品专场拍卖"第 1167 号拍品——元青玉桥纽印，高 2.8 厘米，长 2.5 厘米，以 6600 元人民币成交。

2000 年 5 月 8 日，中国嘉德"瓷器玉器工艺品鼻烟壶专场"第 1085 号拍品，以 4.4 万元人民币成交。

2001 年 11 月 4 日，中国嘉德"瓷器玉器工艺品家具专场拍卖"第 1389 号拍品——辽白玉高浮雕海冬青图带扣，长 13.3 厘米，以 3.52 万元人民币成交。

2003 年 7 月 13 日，中国嘉德"拍卖瓷器工艺品专场"第 1297 号拍品——元代白玉龙钮花押，以 35.2 万元人民币成交。

2003 年 8 月 28 日，拍卖时间：天津文物"玉器鼻烟壶专场"第 0461 号拍品，以 6.27 万元人民币成交。

2006 年 11 月 15 日，拍卖时间：北京翰海"中国玉器专场"第 0980 号拍品——宋代白玉般若波罗密心经管，高 6 厘米，以 31.3 万元人民币成交。

2009 年 6 月 11 日，巴黎苏富比"亚洲艺术品专场"第 261 号拍品，以 3.675 万欧元成交。

2009 年 12 月 1 日，香港佳士得"重要的中国陶瓷及工艺品专场"第 2002 号拍品——元代青白玉镂雕穿花螭龙带扣，外径 7 厘米，以 3.75 万港元成交。

2010 年 12 月 11 日，台北宇珍"玉器拍卖"第 150 号拍品，以 118 万台币成交。

2010 年 4 月 7 日，香港富得"中国陶瓷及艺术珍玩专场"第 1120 号拍品，以 97.75 万港元成交。

2010 年 4 月 8 日，香港苏富比"中国瓷器及工艺品专场"第 1996 号拍品——元代白玉镂雕衔莲瑞鸟饰品，高 5 厘米，以 30 万港元成交。

2011 年 6 月 6 日，北京保利"春水秋山——海外藏宋元明清玉器专场"第 7407 号拍品——金或元黄玉天禄辟邪双兽纹带饰，长 9 厘米，以 166.75 万元人民币成交。

2011 年 12 月 5 日，北京古天一"清玩聚珍专场"第 1100 号拍品，以 322 万元人民币成交。

白玉雕龟鹤带串
年　　代：元代
尺　　寸：5.5 厘米
拍卖时间：嘉德 1994 年 11 月 9 日
　　　　　第 731 号
估　　价：RMB 20,000 ~ 30,000
成 交 价：RMB 24,200

青玉剑饰
年　　代：宋代
尺　　寸：6.2×5.5 厘米
拍卖时间：嘉德 1996 年 4 月 20 日
　　　　　第 765 号
估　　价：RMB 48,000 ~ 58,000
成 交 价：RMB 52,800

白玉透雕鸳鸯穿莲炉顶
年　　代：金代
尺　　寸：高 4.6 厘米
拍卖时间：北京翰海 2000 年 1 月 9 日
　　　　　第 1090 号
估　　价：RMB 15,000 ~ 25,000
成 交 价：RMB 23,000

白玉雕鸡心佩
年　　代：宋代
尺　　寸：长 5 厘米
拍卖时间：北京太平洋 1997 年 5 月 29 日
　　　　　第 68 号
估　　价：RMB 3,500 ~ 5,500

白玉击鼓童子
年　　代：宋代
尺　　寸：高 5.5 厘米
拍卖时间：北京翰海 1998 年 12 月 19 日
　　　　　第 729B 号
估　　价：RMB 40,000 ~ 60,000

玉勾云纹方洗（带座）
年　　代：宋代
尺　　寸：长 5.5 厘米
拍卖时间：北京翰海 2000 年 1 月 9 日
　　　　　第 1106 号
估　　价：RMB 40,000 ~ 60,000
成 交 价：RMB 60,000

白玉双钩诗文勒子
年　　代：北宋
尺　　寸：高 5.6 厘米
拍卖时间：北京翰海 2000 年 1 月 9 日
　　　　　第 1066 号
估　　价：RMB 60,000 ~ 100,000
成 交 价：RMB 67,100

白玉飞天
年　　代：辽代
尺　　寸：长 5.5 厘米
拍卖时间：北京翰海 1998 年 12 月 19 日
　　　　　第 729C 号
估　　价：RMB 70,000 ~ 120,000

玉箍
年　　代：宋代
尺　　寸：高 3.7 厘米
拍卖时间：北京翰海 2000 年 1 月 9 日
　　　　　第 1138 号
估　　价：RMB 10,000 ~ 15,000
成 交 价：RMB 19,800

旧玉人物伏虎摆件
年　　代：元代
尺　　寸：高6厘米
拍卖时间：北京翰海 2000 年 1 月 9 日
　　　　　第 1145 号
估　　价：RMB 18,000 ~ 25,000
成 交 价：RMB 17,600

白玉鼠
年　　代：宋代
尺　　寸：长6厘米
拍卖时间：北京翰海 2001 年 12 月 10 日
　　　　　第 1307 号
估　　价：RMB 12,000 ~ 18,000
成 交 价：RMB 35,200

玛瑙贡盏（紫檀嵌银系座）
年　　代：北宋
尺　　寸：直径 11.5 厘米
拍卖时间：北京翰海 2000 年 1 月 9 日
　　　　　第 1113 号
估　　价：RMB 30,000 ~ 50,000
成 交 价：RMB 45,100

玉海冬青捕鹅佩
年　　代：元代
尺　　寸：长 4.8 厘米
拍卖时间：北京翰海 2000 年 12 月 11 日
　　　　　第 1138 号
估　　价：RMB 16,000 ~ 22,000
成 交 价：RMB 44,000

玉海冬青捕鹅柄
年　　代：元代
尺　　寸：长 10.7 厘米
拍卖时间：北京翰海 2000 年 12 月 11 日
　　　　　第 1180 号
估　　价：RMB 20,000 ~ 30,000
成 交 价：RMB 77,000

玉胡人
年　　代：元代
尺　　寸：高6厘米
拍卖时间：北京翰海 2000 年 1 月 9 日
　　　　　第 1157 号
估　　价：RMB 20,000 ~ 30,000
成 交 价：RMB 26,400

玉鹅

年　　代：宋代

尺　　寸：高 7 厘米

拍卖时间：北京翰海 2000 年 1 月 9 日
　　　　　第 1195 号

估　　价：RMB 30,000 ~ 50,000

成 交 价：RMB 35,200

玉鹅

年　　代：金代

尺　　寸：高 4.1 厘米

拍卖时间：北京翰海 2000 年 12 月 11 日
　　　　　第 1007 号

估　　价：RMB 10,000 ~ 15,000

成 交 价：RMB 9,900

玉鸡

年　　代：宋代

尺　　寸：高 4.8 厘米

拍卖时间：北京翰海 2000 年 12 月 11 日
　　　　　第 1026 号

估　　价：RMB 18,000 ~ 25,000

成 交 价：RMB 44,000

玉灵芝瑞兽

年　　代：元代

尺　　寸：长 9.2 厘米

拍卖时间：北京翰海 2000 年 7 月 3 日
　　　　　第 1038 号

估　　价：RMB 20,000 ~ 30,000

成 交 价：RMB 46,000

旧玉瑞兽

年　　代：元代

尺　　寸：长 7 厘米

拍卖时间：北京翰海 2000 年 7 月 3 日
　　　　　第 1040 号

估　　价：RMB 30,000 ~ 50,000

成 交 价：RMB 60,500

玉透雕鹭莲炉顶

年　　代：元代

尺　　寸：高 5.3 厘米

拍卖时间：北京翰海 2000 年 7 月 3 日
　　　　　第 1056 号

估　　价：RMB 30,000 ~ 50,000

成 交 价：RMB 55,000

玉花口盘
年　　代：宋代
尺　　寸：长 18.7 厘米
拍卖时间：北京翰海 2000 年 1 月 9 日 第 1111 号
估　　价：RMB 25,000 ~ 40,000
成 交 价：RMB 22,000

玉龙
年　　代：宋代
尺　　寸：高 5.2 厘米
拍卖时间：北京翰海 2001 年 12 月 10 日　第 1309 号
估　　价：RMB 18,000 ~ 28,000
成 交 价：RMB 17,600

青玉刻赵子昂临王羲之书笔阵图
年　　代：元代
拍卖时间：北京翰海 2000 年 1 月 9 日 第 1122 号
估　　价：RMB 40,000 ~ 60,000
成 交 价：RMB 46,200

白玉麒麟
年　　代：元代
尺　　寸：长 6 厘米
拍卖时间：北京翰海 2001 年 7 月 2 日 第 1311 号
估　　价：RMB 30,000 ~ 40,000
成 交 价：RMB 44,000

玉鸳鸯穿莲炉顶
年　　代：元代
尺　　寸：高 4 厘米
拍卖时间：北京翰海 2001 年 12 月 10 日　第 1342 号
估　　价：RMB 10,000～15,000
成 交 价：RMB 17,600

玉双鹿带饰
年　　代：金代至元代
尺　　寸：长 7 厘米
拍卖时间：北京翰海 2001 年 12 月 10 日　第 1380 号
估　　价：RMB 20,000～30,000
成 交 价：RMB 19,800

旧玉鱼化龙坠
年　　代：宋代
尺　　寸：长 8 厘米
拍卖时间：北京翰海 2001 年 12 月 10 日　第 1433 号
估　　价：RMB 35,000～50,000
成 交 价：RMB 37,400

旧玉兽
年　　代：宋代
尺　　寸：长 12 厘米
拍卖时间：北京翰海 2001 年 12 月 10 日　第 1449 号
估　　价：RMB 70,000～100,000
成 交 价：RMB 77,000

黄玉夔龙纹璧
年　　代：宋代
尺　　寸：直径 14 厘米
拍卖时间：北京翰海 2003 年 9 月 1 日　第 1477 号
估　　价：RMB 30,000 ~ 50,000
成 交 价：RMB 160,000

白玉透雕云龙饰件
年　　代：元代
尺　　寸：长 7.3 厘米
拍卖时间：北京翰海 2004 年 1 月 12 日　第 1878 号
估　　价：RMB 20,000 ~ 30,000
成 交 价：RMB 82,500

黄玉虎符
年　　代：宋代
尺　　寸：长 5.3 厘米
拍卖时间：北京翰海 2003 年 9 月 1 日　第 1473 号
估　　价：RMB 6,000 ~ 10,000
成 交 价：RMB 88,000

黄玉鸟
年　　代：宋代
尺　　寸：长 8.5 厘米
拍卖时间：北京翰海 2003 年 9 月 1 日　第 1474 号
估　　价：RMB 30,000 ~ 50,000
成 交 价：RMB 130,000

青白玉龙穿花饰件

年　　代：金代至元代

尺　　寸：长 11.5 厘米

拍卖时间：北京翰海 2004 年 1 月 12 日 第 1879 号

估　　价：RMB 28,000 ~ 32,000

成 交 价：RMB 28,600

白玉雕鹿饰件

年　　代：金代

尺　　寸：高 10 厘米

拍卖时间：北京翰海 2003 年 9 月 1 日　第 1467 号

估　　价：RMB 80,000 ~ 120,000

成 交 价：RMB 340,000

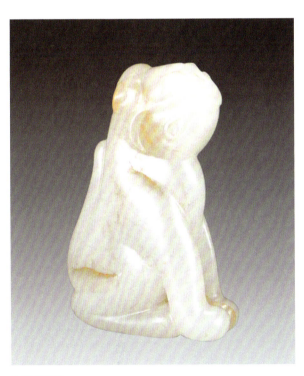

白玉瑞兽坠

年　　代：元代

尺　　寸：高 4.6 厘米

拍卖时间：北京翰海 2004 年 1 月 12 日 第 1804 号

估　　价：RMB 28,000 ~ 35,000

成 交 价：RMB 28,600

白玉瑞兽献璧佩

年　　代：宋代

尺　　寸：高 7 厘米

拍卖时间：北京翰海 2004 年 1 月 12 日 第 1828 号

估　　价：RMB 50,000 ~ 60,000

成 交 价：RMB 154,000

白玉飞天

年　　代：辽代至金代
尺　　寸：长 7.6 厘米
拍卖时间：北京翰海
　　　　　2011 年 5 月 21 日
　　　　　第 2529 号
估　　价：RMB 80,000 ~ 100,000
成 交 价：RMB 172,500

白玉双螭纹环

年　　代：元代
尺　　寸：长 7.8 厘米
拍卖时间：北京保利
　　　　　2011 年 6 月 6 日
　　　　　第 7401 号
估　　价：RMB 100,000 ~ 150,000
成 交 价：RMB 322,000

白玉荷叶青蛙洗、法器（一组）

年　　代：金代至明代
尺　　寸：长 13.5 厘米
拍卖时间：匡时 2010 年 12 月 4 日
　　　　　第 318 号
估　　价：RMB 500,000 ~ 600,000
成 交 价：RMB 582,400

灰玉笔架山

年　　代：元代
尺　　寸：长 14.2 厘米
拍卖时间：北京保利
　　　　　2011 年 6 月 6 日
　　　　　第 7483 号
估　　价：RMB 60,000 ~ 80,000
成 交 价：RMB 253,000

玉双鹿山子

年　　代：金代
尺　　寸：长 20.3 厘米
拍卖时间：北京翰海
　　　　　2000 年 7 月 3 日
　　　　　第 1066 号
估　　价：RMB 20,000 ～ 30,000
成 交 价：RMB 99,000

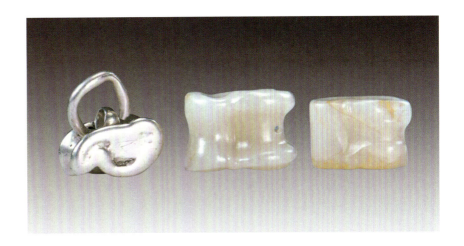

白玉、银雕嘎拉哈佩

年　　代：辽代至金代
尺　　寸：不等
拍卖时间：天津文物
　　　　　2005 年 6 月 13 日
　　　　　第 694 号
估　　价：RMB 7,000
成 交 价：RMB 9,900

玉回纹倭角文碟

年　　代：金代至元代
尺　　寸：长 17.7 厘米
拍卖时间：北京翰海
　　　　　2004 年 1 月 12 日
　　　　　第 1947 号
估　　价：RMB 25,000 ～ 30,000
成 交 价：RMB 24,200

旧玉饰件（紫檀盒）

年　　代：元代
尺　　寸：18 厘米
拍卖时间：天津文物
　　　　　2004 年 6 月 23 日
　　　　　第 219 号
估　　价：RMB 70,000
成本价：RMB 165,000

白玉浸色雕龙纹佩
年　　代：辽代至金代
尺　　寸：5 厘米
拍卖时间：天津文物 2005 年 6 月 13 日
　　　　　第 589 号
估　　价：RMB 25,000
成 交 价：RMB 44,000

白玉禽鸟佩串饰
年　　代：金代
尺　　寸：4.6 厘米
拍卖时间：天津文物 2004 年 6 月 23 日
　　　　　第 261 号
估　　价：RMB 5,000
成 交 价：RMB 8,250

黄玉圆雕公鸡佩
年　　代：宋代
尺　　寸：长 5.6 厘米
拍卖时间：北京保利 2011 年 6 月 6 日
　　　　　第 7431 号
估　　价：RMB 80,000 ~ 120,000
成 交 价：RMB 414,000

白玉雕生肖佩
年　　代：宋代至明代
尺　　寸：不等
拍卖时间：天津文物 2005 年 6 月 13 日
　　　　　第 686 号
估　　价：RMB 11,000
成 交 价：RMB 26,400

白玉连珠纹带饰
年　　代：元代
尺　　寸：7 厘米
拍卖时间：天津文物 2004 年 6 月 23 日
　　　　　第 396 号
估　　价：RMB 6,000
成 交 价：RMB 17,600

白玉飞天
年　　代：宋代
尺　　寸：高 4 厘米
拍卖时间：北京保利 2007 年 6 月 2 日
　　　　　第 2350 号
估　　价：RMB 30,000 ~ 50,000

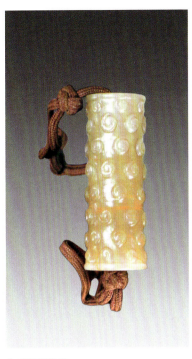

白玉谷纹勒子

年　　代：宋代

尺　　寸：4.5 厘米

拍卖时间：天津文物 2004 年 6 月 23 日
　　　　　第 267 号

估　　价：RMB 8,000

成 交 价：RMB 8,800

白玉留皮雕一路连科纹炉顶

年　　代：元代

尺　　寸：5 厘米

拍卖时间：天津文物 2005 年 6 月 13 日
　　　　　第 478 号

估　　价：RMB 43,000

成 交 价：RMB 47,300

白玉留皮雕卧马佩

年　　代：五代

尺　　寸：6 厘米

拍卖时间：天津文物 2006 年 6 月 23 日
　　　　　第 966 号

估　　价：RMB 38,000

成 交 价：RMB 88,000

玉鬲

年　　代：宋代

尺　　寸：高 10 厘米

拍卖时间：北京翰海 2004 年 1 月 12 日
　　　　　第 1944 号

估　　价：RMB 150,000 ~ 180,000

成 交 价：RMB 196,000

丽金黄玉鸳鸯荷莲春水佩

年　　代：金 ~ 元

尺　　寸：长 8.7 厘米

拍卖时间：北京翰海 2006 年 12 月 18 日
　　　　　第 1814 号

估　　价：RMB 30,000 ~ 50,000

成 交 价：RMB 171,000

白玉透雕双兔饰件

年　　代：元代

尺　　寸：长 6.7 厘米

拍卖时间：北京翰海 2007 年 6 月 25 日
　　　　　第 1889 号

估　　价：RMB 150,000 ~ 220,000

成 交 价：RMB 313,600

玉鹅

年　　代：宋代

尺　　寸：长4厘米

拍卖时间：嘉德2008年4月27日
　　　　　　第1801号

估　　价：RMB 58,000 ~ 78,000

成 交 价：RMB 67,200

旧玉双螭纸镇

年　　代：宋代

尺　　寸：长7厘米

拍卖时间：北京翰海2007年6月25日
　　　　　　第1818号

估　　价：RMB 150,000 ~ 250,000

成 交 价：RMB 257,600

白玉鹿

年　　代：宋代

尺　　寸：长7.2厘米

拍卖时间：北京翰海2007年6月25日
　　　　　　第1922号

估　　价：RMB 60,000 ~ 80,000

成 交 价：RMB 123,200

白玉雕飞天

年　　代：辽代

尺　　寸：长6厘米

拍卖时间：北京荣宝2007年12月9日
　　　　　　第847号

估　　价：RMB 60,000 ~ 80,000

成 交 价：RMB 67,200

古玉三螭杯

年　　代：宋代

尺　　寸：高11.8厘米

拍卖时间：北京翰海2006年12月18日
　　　　　　第1856号

估　　价：RMB 250,000 ~ 350,000

成 交 价：RMB 275,000

玉龙穿花炉顶

年　　代：元代

尺　　寸：高5厘米

拍卖时间：北京翰海2008年1月13日
　　　　　　第2296号

估　　价：RMB 60,000

成 交 价：RMB 67,200

加冠进禄

年　　代：元代

尺　　寸：长 3.7 厘米

拍卖时间：嘉德 2008 年 7 月 27 日

　　　　　第 1805 号

估　　价：RMB 58,000 ~ 78,000

成 交 价：RMB 64,960

灵芝玉兔

年　　代：元代

尺　　寸：高 5.5 厘米

拍卖时间：嘉德 2008 年 4 月 27 日

　　　　　第 1810 号

估　　价：RMB 80,000 ~ 100,000

成 交 价：RMB 89,600

玉犬

年　　代：元代

尺　　寸：长 4.8 厘米

拍卖时间：嘉德 2008 年 4 月 27 日

　　　　　第 1824 号

估　　价：RMB 100,000 ~ 120,000

成 交 价：RMB 112,000

瑞狮纸镇

年　　代：宋代

尺　　寸：长 7 厘米

拍卖时间：嘉德 2008 年 4 月 27 日

　　　　　第 1840 号

估　　价：RMB 350,000 ~ 500,000

成 交 价：RMB 492,800

翘首玉鹿

年　　代：宋代

尺　　寸：长 5.2 厘米

拍卖时间：嘉德 2008 年 4 月 27 日

　　　　　第 1829 号

估　　价：RMB 100,000 ~ 150,000

成 交 价：RMB 134,400

玉鹅

年　　代：宋代

尺　　寸：长 4.9 厘米

拍卖时间：嘉德 2008 年 4 月 27 日

　　　　　第 1838 号

估　　价：RMB 350,000 ~ 450,000

成 交 价：RMB 403,200

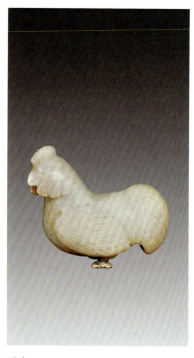

玉鸡
年　　代：元代
尺　　寸：长 19 厘米
拍卖时间：北京翰海 2008 年 10 月 11 日
　　　　　第 2058 号
估　　价：RMB 6,000
成 交 价：RMB 56,000

玉蝉蛹（二件）
年　　代：辽代
尺　　寸：长 3.6 厘米
拍卖时间：北京翰海 2008 年 12 月 7 日
　　　　　第 1466 号
估　　价：RMB 30,000 ~ 50,000
成 交 价：RMB 33,600

玉鸡
年　　代：宋代
尺　　寸：高 3 厘米
拍卖时间：北京翰海 2008 年 12 月 7 日
　　　　　第 1457 号
估　　价：RMB 30,000 ~ 40,000
成 交 价：RMB 44,800

白玉持荷童子
年　　代：宋代
尺　　寸：高 6 厘米
拍卖时间：匡时 2010 年 6 月 6 日
　　　　　第 1372 号
估　　价：RMB 70,000 ~ 80,000
成 交 价：RMB 84,000

白玉乳钉纹圭璧
年　　代：宋代
尺　　寸：长 12.7 厘米
拍卖时间：北京翰海 2010 年 6 月 6 日
　　　　　第 1912 号
估　　价：RMB 280,000 ~ 350,000
成 交 价：RMB 313,600

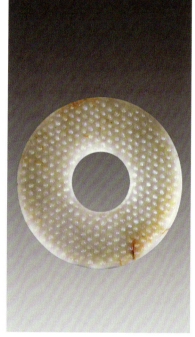

白玉璧
年　　代：宋代
尺　　寸：直径 11.5 厘米
拍卖时间：匡时 2010 年 6 月 6 日
　　　　　第 1361 号
估　　价：RMB 100,000 ~ 120,000
成 交 价：RMB 123,200

灰玉鹰熊纹带饰
年　　代：元代
尺　　寸：长 8.2 厘米
拍卖时间：北京保利 2011 年 6 月 6 日
　　　　　第 7425 号
估　　价：RMB 60,000 ～ 80,000
成 交 价：RMB 161,000

青白玉透雕山石花鸟炉顶
年　　代：元代
尺　　寸：高 8.2 厘米
拍卖时间：北京翰海 2011 年 5 月 21 日
　　　　　第 2553 号
估　　价：RMB 180,000 ～ 250,000
成 交 价：RMB 563,500

白玉云狮戏球佩
年　　代：元代
尺　　寸：长 4.5 厘米
拍卖时间：北京保利 2011 年 6 月 6 日
　　　　　第 7438 号
估　　价：RMB 50,000 ～ 80,000
成 交 价：RMB 218,500

白玉瑞兽
年　　代：元代
尺　　寸：高 7.2 厘米
拍卖时间：北京荣宝 2011 年 11 月 25 日
　　　　　第 918 号
估　　价：RMB 400,000 ～ 600,000
成 交 价：RMB 667,000

白玉童子
年　　代：宋代
尺　　寸：高 6 厘米
拍卖时间：北京翰海 2008 年 12 月 7 日
　　　　　第 1580 号
估　　价：RMB 100,000 ～ 120,000
成 交 价：RMB 134,400

黄玉连年有余摆件

年　　代：金代至元代

尺　　寸：长 11.3 厘米

拍卖时间：北京翰海 2010 年 7 月 2 日　第 1374 号

估　　价：RMB 100,000 ~ 150,000

成 交 价：RMB 396,000

玉洒金卧犬

年　　代：宋代

尺　　寸：长 5.7 厘米

拍卖时间：北京翰海 2010 年 6 月 6 日

　　　　　　第 1712 号

估　　价：RMB 55,000 ~ 65,000

成 交 价：RMB 224,000

旧玉透雕云龙饰件

年　　代：金代至元代

尺　　寸：长 7.2 厘米

拍卖时间：北京翰海 2010 年 6 月 6 日　第 1858 号

估　　价：RMB 100,000 ~ 120,000

成 交 价：RMB 145,600

玉洒金春水饰件

年　　代：金代至元代

尺　　寸：长 8.8 厘米

拍卖时间：北京翰海 2010 年 6 月 6 日　第 1863 号

估　　价：RMB 50,000 ~ 80,000

成 交 价：RMB 207,200

白玉透雕云龙炉顶

年　　代：元代

尺　　寸：高 5.5 厘米

拍卖时间：北京翰海 2004 年 1 月 12 日　第 1888 号

估　　价：RMB 50,000 ~ 60,000

成 交 价：RMB 110,000

白玉镂雕天鹅穿莲嵌饰

年　　代：元代

尺　　寸：8 厘米

拍卖时间：天津文物 2004 年 6 月 23 日　第 208 号

估　　价：RMB 28,000

成 交 价：RMB 35,200

玉雕秋山山子

年　　代：金代

尺　　寸：长 12.8 厘米

拍卖时间：北京翰海 2004 年 1 月 12 日 第 1881 号

估　　价：RMB 300,000 ~ 500,000

成 交 价：RMB 396,000

旧玉人物秋山炉顶

年　　代：金代

尺　　寸：高 9 厘米

拍卖时间：北京翰海 2004 年 1 月 12 日 第 1885 号

估　　价：RMB 100,000 ~ 150,000

成 交 价：RMB 132,000

青白玉龙钮方章

年　　代：元代

尺　　寸：长 6.5 厘米

拍卖时间：北京保利 2010 年 12 月 5 日　第 4652 号

估　　价：RMB 400,000 ~ 600,000

成 交 价：RMB 448,000

玉鸡坠

年　　代：宋代

尺　　寸：高 3 厘米

拍卖时间：北京翰海 2010 年 12 月 12 日
　　　　　　第 2403 号

估　　价：RMB 20,000 ~ 30,000

成 交 价：RMB 156,000

白玉双螭纹环

年　　代：元代

尺　　寸：长 7.8 厘米

拍卖时间：北京保利 2011 年 6 月 6 日　第 7401 号

估　　价：RMB 100,000 ~ 150,000

成 交 价：RMB 322,000

白玉透雕龙穿花炉顶

年　　代：金代至元代

尺　　寸：高 4.7 厘米

拍卖时间：北京翰海 2010 年 12 月 12 日　第 2493 号

估　　价：RMB 150,000 ~ 250,000

成 交 价：RMB 201,600

玉鸟·玉兽·玉鹅形洗
年　　代：宋代
尺　　寸：长 3.1 厘米～11.1 厘米
拍卖时间：北京翰海 2010 年 12 月 12 日　第 2516 号
估　　价：RMB 4,500,000 ～ 5,500,000
成 交 价：RMB 5,040,000

白玉蹲龙饰

年　　代：宋代

尺　　寸：长 4.6 厘米

拍卖时间：北京保利 2011 年 6 月 6 日
　　　　　第 7394 号

估　　价：RMB 100,000 ~ 150,000

成 交 价：RMB 529,000

白玉褐皮提油巧色龙纹湖石玉山子

年　　代：金代至元代

尺　　寸：长 4.9 厘米

拍卖时间：北京保利 2011 年 6 月 6 日
　　　　　第 7397 号

估　　价：RMB 50,000 ~ 80,000

成 交 价：RMB 310,500

白玉灵兔望月灵芝纹嵌饰

年　　代：金代至元代

尺　　寸：长 6.6 厘米

拍卖时间：北京保利 2011 年 6 月 6 日
　　　　　第 7405 号

估　　价：RMB 50,000 ~ 80,000

成 交 价：RMB 299,000

白玉褐黑色皮仙人灵龟纹山子

年　　代：宋代

尺　　寸：高 11.6 厘米

拍卖时间：北京保利 2011 年 6 月 6 日
　　　　　第 7481 号

估　　价：RMB 200,000 ~ 300,000

成 交 价：RMB 943,000

黄玉留皮巧雕 "秋山图" 带环

年　　代：金代至元代

尺　　寸：长 6.4 厘米

拍卖时间：北京保利 2011 年 6 月 6 日
　　　　　第 7415 号

估　　价：RMB 50,000 ~ 80,000

成 交 价：RMB 230,000

灰白玉双大鹙鸟栖湖石纹大炉顶

年　　代：元代

尺　　寸：高 8.8 厘米 宽 7.2 厘米

拍卖时间：北京保利 2011 年 6 月 6 日
　　　　　第 7484 号

估　　价：RMB 100,000 ~ 150,000

成 交 价：RMB 368,000

黄玉天禄辟邪双兽纹带饰

年　　代：金代至元代

尺　　寸：长 9 厘米

拍卖时间：北京保利 2011 年 6 月 6 日
　　　　　第 7407 号

估　　价：RMB 100,000 ~ 150,000

成 交 价：RMB 1,667,500

白玉伯牙子期纹带饰

年　　代：元代

尺　　寸：长 6.8 厘米

拍卖时间：北京保利 2011 年 6 月 6 日
　　　　　第 7427 号

估　　价：RMB 150,000 ~ 200,000

成 交 价：RMB 368,000

白玉穿花龙纹炉顶

年　　代：元代

尺　　寸：长 7.1 厘米

拍卖时间：北京保利 2011 年 6 月 6 日
　　　　　第 7475 号

估　　价：RMB 120,000 ~ 180,000

成 交 价：RMB 623,500

白玉褐皮提油双螭灵芝嵌饰

年　　代：元代

尺　　寸：长 7.5 厘米

拍卖时间：北京保利 2011 年 6 月 6 日
　　　　　第 7400 号

估　　价：RMB 50,000 ~ 80,000

成 交 价：RMB 253,000

白玉海东青击鹅 "春水图" 带饰

年　　代：元代

尺　　寸：长 8.5 厘米

拍卖时间：北京保利 2011 年 6 月 6 日
　　　　　第 7423 号

估　　价：RMB 50,000 ~ 80,000

成 交 价：RMB 368,000

白玉胡人戏狮纹带饰

年　　代：元代

尺　　寸：长 6.9 厘米

拍卖时间：北京保利 2011 年 6 月 6 日
　　　　　第 7422 号

估　　价：RMB 50,000 ~ 80,000

成 交 价：RMB 161,000

白玉龙钮押印
年　　代：元代
尺　　寸：宽 4.1 厘米
拍卖时间：北京保利 2011 年 6 月 6 日　第 7509 号
估　　价：RMB 150,000 ~ 200,000
成 交 价：RMB 345,000

白玉鱼化龙纹配饰
年　　代：金代至元代
尺　　寸：长 4.5 厘米
拍卖时间：北京保利 2011 年 6 月 6 日　第 7396 号
估　　价：RMB 50,000 ~ 80,000
成 交 价：RMB 759,000

白玉松下高士饲鹤图炉顶
年　　代：元代
尺　　寸：高 3.2 厘米
拍卖时间：北京保利 2011 年 6 月 6 日　第 7477 号
估　　价：RMB 30,000 ~ 50,000
成 交 价：RMB 460,000

白玉童子骑鱼佩
年　　代：元代
尺　　寸：长 5 厘米
拍卖时间：北京保利 2011 年 6 月 6 日　第 7491 号
估　　价：RMB 50,000 ~ 80,000
成 交 价：RMB 138,000

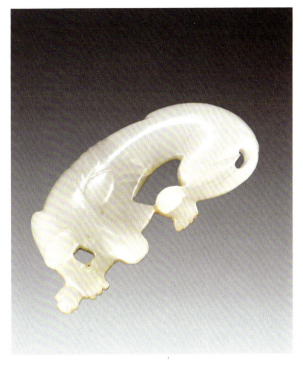

白玉巧色宝鸭衔荷叶佩
年　　代：元代
尺　　寸：长 5 厘米
拍卖时间：北京保利 2011 年 6 月 6 日　第 7432 号
估　　价：RMB 50,000 ~ 80,000
成 交 价：RMB 345,000

白玉犬纹带饰
年　　代：元代
尺　　寸：长 5.6 厘米
拍卖时间：北京保利 2011 年 6 月 6 日　第 7440 号
估　　价：RMB 30,000 ~ 50,000
成 交 价：RMB 207,000

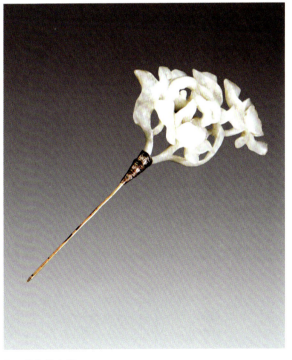

白玉鸭衔莲花佩
年　　代：宋代
尺　　寸：长 5.7 厘米
拍卖时间：北京保利 2011 年 6 月 6 日　第 7434 号
估　　价：RMB 30,000 ~ 50,000
成 交 价：RMB 207,000

白玉花鸟纹发簪
年　　代：元代
尺　　寸：长 6.3 厘米
拍卖时间：北京保利 2011 年 6 月 6 日　第 7429 号
估　　价：RMB 20,000 ~ 30,000
成 交 价：RMB 138,000

玉孔雀
年　　代：金代
尺　　寸：长 22 厘米
拍卖时间：嘉德 2008 年 4 月 27 日
　　　　　第 1867 号
估　　价：RMB 60,000 ~ 80,000
成 交 价：RMB 84,000

玉卧犬
年　　代：宋代
尺　　寸：长 7.8 厘米
拍卖时间：嘉德 2008 年 4 月 27 日
　　　　　第 1827 号
估　　价：RMB 150,000 ~ 200,000
成 交 价：RMB 257,000

玉瑞兽
年　　代：元代
尺　　寸：高 7.8 厘米
拍卖时间：北京翰海
　　　　　2008 年 12 月 7 日
　　　　　第 1658 号
估　　价：RMB 250,000 ~ 300,000
成 交 价：RMB 280,000

玉马·玉鹅形洗
年　　代：宋代
尺　　寸：长 3.1 厘米 ~ 11.1 厘米
拍卖时间：北京翰海
　　　　　2010 年 12 月 12 日
　　　　　第 2516 号
估　　价：RMB 4,500,000 ~ 5,500,000
成 交 价：RMB 5,040,000

明代玉器

中国古代玉器拍卖
投资考成汇典

ZHONG GUO GU DAI YU QI
PAI MAI TOU ZI
KAO CHENG HUI DIAN

1. 明代玉器概况

朱元璋建立明朝，汉族礼仪之制和文化生活习俗得到恢复，明代玉器也呈现出新面貌。明代玉器可分为宫廷礼仪用玉、玉器皿、各式玉雕摆件、玉佩饰和实用玉器。但明代玉器无大件，以制作小玩意、小摆件为主，这和明代装饰雕刻艺术的情形是一致的。

考古发现的明代初期玉器，以山东地区出土的明太祖第十子鲁王朱檀墓出土的玉器为代表。这批玉器收藏于山东省博物馆，主要有墨玉圭、白玉圭、玉带饰、玉佩、玉珠、玉砚、碧玉笔架、水晶雕鹿镇纸、水晶雕鹿砚壶、雕花白玉杯。

考古发现的明晚期玉器，主要是嘉靖、万历时的作品，发现于北京、江西及上海等地的墓葬。江西明代墓葬出土的玉器，以南城县明益宣王朱翊鈏夫妇合葬墓玉器为代表，有玉雕鸳鸯炉顶、乳钉纹玉圭、玉猪、玉带板、玉佩等。

明代民间玉作以苏州专诸巷最有名，名工荟萃，技艺超群，出现了著名玉器大师陆子刚。北京也是民间玉作发达之地，玉器以形制古雅著称。《天工开物》载："良工虽集京师，工巧则推苏郡。"相比于前朝，明代玉器皿（玉杯、壶、盒、樽等）、玉摆件（玉人、马、鹿、猪、鱼、鸳鸯等）、佩玉（坠饰、串饰、佩饰、玉组佩）、仿古玉器，都已成为大宗产品，至今在民间流传。

明代玉器主要使用青玉、白玉、碧玉，造型粗犷浑厚，胎体较为厚实，对次要部位如内膛、底部处理不细；但镂雕技术运用广泛，在平面片状的玉料上能雕出前后两层图案，俗称"花上压花"。明代玉器纹饰，前期受院体花鸟画和织绣品、雕漆等工艺品的影响，流行花鸟图案的折枝花卉造型；到嘉靖、万历两朝，祈福增寿、寓意吉祥的题材流行，成为玉器上广为使用的纹饰。

明代古董市场活跃，推动了仿古玉器和赝品玉器的生产，仿沁、致残、古玉后动刀等作旧手段都达到了以假乱真的程度。

金托玉爵　鲁王

2. 明代玉器典型拍卖品

1996 年 10 月 21 日，中国嘉德"瓷器玉器工艺品专场"第 1774 号拍品——明代玉雕缠枝菊花纹盘，直径 17.4 厘米，以 3.3 万元人民币成交。

1996 年 11 月 15 日，北京翰海"中国玉器专场拍卖"第 0901 号拍品——明代青玉出戟觚，高 9.5 厘米，以 8.8 万元人民币成交。

明代　梁庄王墓 金镶宝石白玉镂空云龙帽顶

1998 年 8 月 3 日北京翰海"中国玉器专场"第 1026 号拍品——明代白玉瓦当佩，高 6.7 厘米，以 1.98 万元人民币成交。

1998 年 11 月 3 日，香港佳士得"中国佛教艺术精品瓷器工艺品专场"第 0873 号拍品——明代白玉天马渡海，长 15.5 厘米，以 84.5 万港元成交。

1999 年 10 月 27 日，中国嘉德"拍瓷器玉器工艺品鼻烟壶专场"第 962 号拍品——明代白玉发冠，高 6.6 厘米，以 2.97 万元人民币成交。

2004 年 4 月 26 日，香港佳士得"德馨书屋玉器珍藏专场"第 1263 号拍品——明代镂雕黄玉龙虎纹带饰（一对），长 9.9 厘米，以 11.9 万港元成交。

2009 年 6 月 11 日，巴黎苏富比"亚洲艺术品专场"第 260 号拍品，以 15.675 万欧元成交。

2010 年 6 月 6 日，北京翰海"中国玉器专场"第 1906 号拍品——明代白玉莲瓣诗文壶，高 16.5 厘米，以 179.2 万元人民币成交。

2010 年 3 月 26 日，纽约佳士得"中国瓷器及工艺精品专场"第 1086 号拍品——明代青白玉雕双龙抢珠纹杯托，直径 16 厘米，以 42.25 万美元成交。

2011 年 4 月 8 日，香港苏富比"优秀中国瓷器及工艺精品专场"第 3209 号拍品——明代黑白玉猫蝶佩，高 6.8 厘米，以 242 万港元成交。

2011 年 6 月 8 日，北京匡时"瓷玉工艺品专场"第 2700 号拍品，最终以 184 万元人民币成交。

火烧玉雕双兽
年　　代：明代
尺　　寸：8.5 厘米 ×7.4 厘米
拍卖时间：嘉德 1996 年 4 月 20 日
　　　　　第 768 号
估　　价：RMB 50,000 ～ 70,000
成 交 价：RMB 60,500

玉方印盒
年　　代：明代
尺　　寸：6.9 厘米 ×6.6 厘米
拍卖时间：北京翰海 1996 年 6 月 30 日
　　　　　第 1127 号
估　　价：RMB 15,000 ～ 20,000
成 交 价：RMB 15,400

火烧玉雕独角兽
年　　代：明代
尺　　寸：8.5 厘米
拍卖时间：嘉德 1999 年 4 月 21 日
　　　　　第 1029 号
估　　价：RMB 60,000 ～ 80,000
成 交 价：RMB 93,500

玉竹笋形镇纸
年　　代：明代
尺　　寸：长 17.8 厘米
拍卖时间：北京翰海 1996 年 6 月 30 日
　　　　　第 1155 号
估　　价：RMB 60,000 ～ 80,000
成 交 价：RMB 60,500

青玉雕龙笔筒
年　　代：明代
尺　　寸：高 13 厘米
拍卖时间：北京翰海 1996 年 6 月 30 日
　　　　　第 1163 号
估　　价：RMB 30,000 ～ 40,000
成 交 价：RMB 44,000

青玉留皮雕狗形佩
年　　代：明代
尺　　寸：高 4.3 厘米
拍卖时间：嘉德 1999 年 4 月 21 日
　　　　　第 1021 号
估　　价：RMB 20,000 ～ 30,000
成 交 价：RMB 19,800

白玉镂雕花卉桃形杯
年　　代：明代
尺　　寸：长 11.6 厘米
拍卖时间：北京翰海
　　　　　1996 年 11 月 15 日
　　　　　第 751 号
估　　价：RMB 50,000 ～ 70,000
成 交 价：RMB 37,400

玉鼓式香墩

年　　代：明代

尺　　寸：高 3.8 厘米

拍卖时间：北京翰海 2000 年 7 月 3 日
　　　　　　第 1218 号

估　　价：RMB 12,000 ~ 18,000

成 交 价：RMB 33,000

白玉法冠

年　　代：明代

尺　　寸：长 9.3 厘米

拍卖时间：北京翰海 2000 年 12 月 11 日
　　　　　　第 1215 号

估　　价：RMB 20,000 ~ 30,000

成 交 价：RMB 22,000

青玉留皮鸟

年　　代：明代

尺　　寸：4.5 厘米

拍卖时间：嘉德1999 年 4 月 21 日第 1023 号

估　　价：RMB 20,000 ~ 30,000

成 交 价：RMB 19,800

玉螭龙出廓璧

年　　代：明代

尺　　寸：长 9.4 厘米

拍卖时间：北京翰海　2000 年 1 月 9 日
　　　　　　第 1070 号

估　　价：RMB 30,000 ~ 50,000

成 交 价：RMB 30,000

白玉狮子戏球

年　　代：明代

尺　　寸：长 4.7 厘米

拍卖时间：北京翰海 2001 年 12 月 10 日
　　　　　　第 1302 号

估　　价：RMB 12,000 ~ 18,000

成 交 价：RMB 13,200

白玉发冠

年　　代：明代

尺　　寸：6.6 厘米

拍卖时间：嘉德 1999 年 10 月 27 日
　　　　　　第 962 号

估　　价：RMB 12,000 ~ 15,000

成 交 价：RMB 29,700

黄玉龙钩

年　　代：明代

尺　　寸：长 9.7 厘米

拍卖时间：北京翰海
　　　　　　2000 年 1 月 9 日
　　　　　　第 1053 号

估　　价：RMB 6,000 ~ 8,000

成 交 价：RMB 6,600

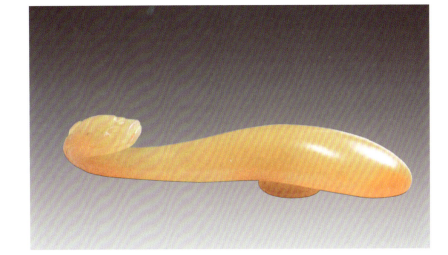

黄玉回纹璧
年　代：明代
尺　寸：直径5厘米
拍卖时间：北京翰海
　　　　2000年1月9日
　　　　第1069号
估　价：RMB 10,000～15,000
成交价：RMB 11,000

玉双龙首璜
年　代：明代
尺　寸：直径13厘米
拍卖时间：北京翰海
　　　　2000年1月9日
　　　　第1140号
估　价：RMB 30,000～50,000
成交价：RMB 28,600

玉龙首把杯
年　代：明代
尺　寸：直径6.3厘米
拍卖时间：北京翰海
　　　　2000年1月9日
　　　　第1099号
估　价：RMB 20,000～30,000
成交价：RMB 22,000

黑白玉雕双螭如意洗

年　　代：明代

尺　　寸：长 11.8 厘米

拍卖时间：北京翰海

　　　　　2000 年 1 月 9 日

　　　　　第 1103 号

估　　价：RMB 50,000 ~ 80,000

成 交 价：RMB 47,000

旧玉螭龙纹匜

年　　代：明代

尺　　寸：长 13.8 厘米

拍卖时间：北京翰海

　　　　　2000 年 1 月 9 日

　　　　　第 1108 号

估　　价：RMB 20,000 ~ 30,000

成 交 价：RMB 26,400

白玉双螭把杯

年　　代：明代

尺　　寸：长 14 厘米

拍卖时间：北京翰海

　　　　　2000 年 1 月 9 日

　　　　　第 1109 号

估　　价：RMB 50,000 ~ 80,000

成 交 价：RMB 48,400

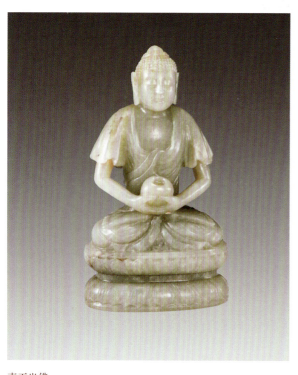

青玉坐佛

年　　代：明代

尺　　寸：高 14.5 厘米

拍卖时间：北京翰海 2000 年 1 月 9 日　第 1120 号

估　　价：RMB 30,000 ~ 50,000

成 交 价：RMB 28,600

黄玉双兽

年　　代：明代

尺　　寸：长 8 厘米

拍卖时间：北京翰海 2003 年 9 月 1 日　第 1450 号

估　　价：RMB 65,000 ~ 80,000

成 交 价：RMB 90,000

玉双螭方孔璧

年　　代：明代

尺　　寸：长 8.2 厘米

拍卖时间：北京翰海 2000 年 1 月 9 日　第 1139 号

估　　价：RMB 20,000 ~ 30,000

成 交 价：RMB 19,800

旧玉卧狮摆件

年　　代：明代

尺　　寸：长 7.5 厘米

拍卖时间：北京翰海 2000 年 1 月 9 日　第 1191 号

估　　价：RMB 30,000 ~ 50,000

成 交 价：RMB 110,000

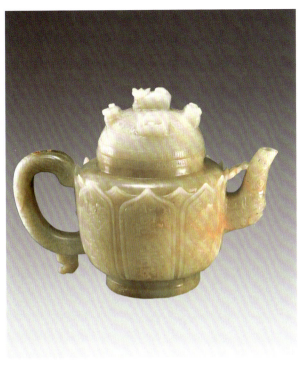

玉莲花万寿纹壶

年　　代：明代

尺　　寸：高 18 厘米

拍卖时间：北京翰海 2000 年 12 月 11 日 第 1146 号

估　　价：RMB 150,000 ～ 200,000

成 交 价：RMB 220,000

玉双螭耳花插

年　　代：明代

尺　　寸：高 14 厘米

拍卖时间：北京翰海 2000 年 12 月 11 日 　第 1066 号

估　　价：RMB 30,000 ～ 50,000

成 交 价：RMB 33,000

玉鹅

年　　代：明代

尺　　寸：长 8.5 厘米

拍卖时间：北京翰海 2000 年 7 月 3 日 第 1179 号

估　　价：RMB 16,000 ～ 26,000

成 交 价：RMB 19,800

玉双兽摆件

年　　代：明代

尺　　寸：长 13.4 厘米

拍卖时间：北京翰海 2000 年 7 月 3 日 第 1185 号

估　　价：RMB 20,000 ～ 30,000

成 交 价：RMB 104,500

青玉弦纹匜
年　　代：明代
尺　　寸：17 厘米
拍卖时间：嘉德 1999 年 4 月 21 日　第 1036 号
估　　价：RMB 50,000 ~ 70,000
成 交 价：RMB 60,500

玉鸭形杖首
年　　代：明代
尺　　寸：长 7 厘米
拍卖时间：北京翰海 2000 年 12 月 11 日
　　　　　第 1179 号
估　　价：RMB 5,000 ~ 8,000
成 交 价：RMB 18,700

玉印三方
年　　代：元代至明代
拍卖时间：嘉德 1999 年 10 月 27 日　第 1003 号
估　　价：RMB 5,000 ~ 8,000
成 交 价：RMB 8,800

铜鎏金嵌玉螭虎带扣
年　　代：明代
尺　　寸：长 7.5 厘米
拍卖时间：北京翰海 2000 年 1 月 9 日
　　　　　第 1043 号
估　　价：RMB 8,000 ~ 10,000
成 交 价：RMB 27,500

玉竹笋形镇纸
年　　代：明代
尺　　寸：长 17.8 厘米
拍卖时间：北京翰海 1998 年 12 月 19 日　第 729A 号
估　　价：RMB 30,000 ~ 50,000
成 交 价：RMB 60,500

玉兽
年　　代：明代
尺　　寸：长 8.5 厘米
拍卖时间：北京翰海 2000 年 12 月 11 日
　　　　　第 1062 号
估　　价：RMB 50,000 ~ 60,000
成 交 价：RMB 55,000

玉避邪

年　　代：明代

尺　　寸：长 6.3 厘米

拍卖时间：北京翰海 2000 年 12 月 11 日
　　　　　第 1184 号

估　　价：RMB 15,000 ~ 20,000

成 交 价：RMB 15,400

玉雕梅花摆件

年　　代：明代

尺　　寸：长 19.5 厘米

拍卖时间：北京翰海 2000 年 12 月 11 日　第 1188 号

估　　价：RMB 12,000 ~ 16,000

成 交 价：RMB 11,000

玉太狮少狮

年　　代：明代

尺　　寸：长 7.2 厘米

拍卖时间：北京翰海 2000 年 12 月 11 日
　　　　　第 1185 号

估　　价：RMB 15,000 ~ 20,000

成 交 价：RMB 13,200

玉雕螭虎镇尺

年　　代：明代

尺　　寸：长 17.3 厘米

拍卖时间：北京翰海 2000 年 12 月 11 日　第 1189 号

估　　价：RMB 12,000 ~ 16,000

成 交 价：RMB 24,200

白玉瑞兽

年　　代：明代

尺　　寸：长 4.8 厘米

拍卖时间：北京翰海 2001 年 12 月 10 日
　　　　　第 1303 号

估　　价：RMB 12,000 ~ 18,000

成 交 价：RMB 13,200

白玉乳钉纹双龙耳杯

年　　代：明代

尺　　寸：长 11.5 厘米

拍卖时间：北京翰海 2000 年 12 月 11 日　第 1067 号

估　　价：RMB 20,000 ~ 30,000

成 交 价：RMB 22,000

黄玉八骏环

年　代：明代

尺　寸：直径 5.7 厘米

拍卖时间：北京翰海 2001 年 12 月 10 日
　　　　　第 1350 号

估　价：RMB 30,000 ～ 50,000

成交价：RMB 52,800

旧玉辟邪

年　代：明代

尺　寸：长 6 厘米

拍卖时间：北京翰海 2001 年 12 月 10 日
　　　　　第 1305 号

估　价：RMB 10,000 ～ 18,000

成交价：RMB 11,000

旧玉瑞兽

年　代：明代

尺　寸：长 6 厘米

拍卖时间：北京翰海 2001 年 12 月 10 日
　　　　　第 1305 号

估　价：RMB 12,000 ～ 18,000

玉麒麟

年　代：明代

尺　寸：高 12.5 厘米

拍卖时间：北京翰海 2001 年 12 月 10 日　第 1332 号

估　价：RMB 40,000 ～ 60,000

成交价：RMB 39,600

白玉李白像

年　代：明代

尺　寸：高 11.2 厘米

拍卖时间：北京翰海 2001 年 12 月 10 日
　　　　　第 1396 号

估　价：RMB 20,000 ～ 30,000

成交价：RMB 19,800

玉透雕双兽饰件
年　　代：明代
尺　　寸：长 6.8 厘米
拍卖时间：北京翰海 2001 年 12 月 10 日
　　　　　第 1382 号
估　　价：RMB 28,000 ~ 40,000
成 交 价：RMB 44,000

白玉鹅
年　　代：明代
尺　　寸：长 10.5 厘米
拍卖时间：北京翰海 2001 年 12 月 10 日
　　　　　第 1442 号
估　　价：RMB 30,000 ~ 50,000
成 交 价：RMB 48,400

黄玉鸭子
年　　代：明代
尺　　寸：长 6.7 厘米
拍卖时间：北京翰海 2001 年 12 月 10 日
　　　　　第 1445 号
估　　价：RMB 50,000 ~ 70,000
成 交 价：RMB 55,000

旧玉羊首带钩
年　　代：明代
尺　　寸：长 7.5 厘米
拍卖时间：北京翰海 2003 年 9 月 1 日
　　　　　第 1478 号
估　　价：RMB 6,000 ~ 10,000
成 交 价：RMB 62,000

旧玉马
年　　代：明代
尺　　寸：长 9.5 厘米
拍卖时间：北京翰海 2001 年 12 月 10 日
　　　　　第 1446 号
估　　价：RMB 30,000 ~ 50,000
成 交 价：RMB 33,000

旧玉虎符
年　　代：明代
尺　　寸：长 5.7 厘米
拍卖时间：北京翰海 2004 年 1 月 12 日　第 1948 号
估　　价：RMB 40,000 ～ 48,000
成 交 价：RMB 39,600

旧玉龟坠饰
年　　代：明代
尺　　寸：长 5.5 厘米
拍卖时间：北京翰海 2003 年 9 月 1 日
　　　　　第 1454 号
估　　价：RMB 50,000 ～ 80,000
成 交 价：RMB 70,000

黄玉龙纹斧形佩
年　　代：明代
尺　　寸：高 9 厘米
拍卖时间：北京翰海 2006 年 7 月 30 日　第 1040 号
估　　价：RMB 60,000 ～ 70,000
成 交 价：RMB 71,500

玉璧
年　　代：明代
尺　　寸：直径 5.8 厘米
拍卖时间：北京翰海 2004 年 1 月 12 日
　　　　　第 1912 号
估　　价：RMB 8,000 ～ 15,000
成 交 价：RMB 8,800

黄玉羊
年　　代：明代
尺　　寸：长 5.5 厘米
拍卖时间：北京翰海 2003 年 9 月 1 日
　　　　　第 1302 号
估　　价：RMB 12,000 ～ 18,000
成 交 价：RMB 15,000

青玉卧兽

年　　代：明代
尺　　寸：长 3.8 厘米
拍卖时间：北京翰海 2004 年 1 月 12 日
　　　　　第 1808 号
估　　价：RMB 12,000 ～ 22,000
成 交 价：RMB 37,400

白玉螭虎璧

年　　代：明代
尺　　寸：直径 6 厘米
拍卖时间：北京翰海 2003 年 9 月 1 日
　　　　　第 1461 号
估　　价：RMB 75,000 ～ 90,000
成 交 价：RMB 70,000

旧玉雕螭虎叶形洗

年　　代：明代
尺　　寸：长 9.5 厘米
拍卖时间：北京翰海 2001 年 12 月 10 日
　　　　　第 1465 号
估　　价：RMB 25,000 ～ 35,000
成 交 价：RMB 30,800

白玉桃形洗

年　　代：明代
尺　　寸：长 7 厘米
拍卖时间：北京翰海 2002 年 12 月 9 日
　　　　　第 1181 号
估　　价：RMB 8,000 ～ 12,000
成 交 价：RMB 8,000

玉圭

年　　代：明代
尺　　寸：长 17 厘米
拍卖时间：北京翰海 2003 年 9 月 1 日
　　　　　第 1460 号
估　　价：RMB 10,000 ～ 15,000
成 交 价：RMB 28,000

白玉花枝耳杯
年　　代：明代
尺　　寸：耳径 13.4 厘米
拍卖时间：天津文物 2004 年 6 月 23 日　第 315 号
估　　价：RMB 8,000
成 交 价：RMB 30,800

白玉天禄
年　　代：明代
尺　　寸：长 10.5 厘米
拍卖时间：天津文物 2004 年 6 月 23 日　第 304 号
估　　价：RMB 85,000
成 交 价：RMB 104,500

墨玉螭纹璧
年　　代：明代
尺　　寸：直径 12.3 厘米
拍卖时间：北京翰海 2003 年 9 月 1 日　第 1458 号
估　　价：RMB 10,000 ~ 15,000
成 交 价：RMB 30,000

白玉浸色雕龙纹璜
年　　代：明代
尺　　寸：长 28 厘米
拍卖时间：天津文物　2005 年 6 月 13 日　第 451 号
估　　价：RMB 120,000
成 交 价：RMB 286,000

白玉谷纹璧
年　　代：明代
尺　　寸：直径 20 厘米
拍卖时间：天津文物　2004 年 6 月 23 日　第 247 号
估　　价：RMB 50,000
成 交 价：RMB 99,000

白玉浸色雕口含
年　　代：明代
尺　　寸：长 5 厘米
拍卖时间：天津文物 2005 年 6 月 13 日　第 475 号
估　　价：RMB 7,000
成 交 价：RMB 7,700

白玉浸色雕鹅纹佩
年　　代：明代
尺　　寸：长 6 厘米
拍卖时间：天津文物 2005 年 6 月 13 日　第 540 号
估　　价：RMB 10,000
成 交 价：RMB 12,100

白玉浸色雕牧童佩
年　　代：明代
尺　　寸：长 4.5 厘米
拍卖时间：天津文物 2005 年 6 月 13 日　第 577 号
估　　价：RMB 12,000
成 交 价：RMB 13,200

白玉浸色雕蛙形佩
年　　代：明代
尺　　寸：长 6 厘米
拍卖时间：天津文物 2005 年 6 月 13 日　第 588 号
估　　价：RMB 15,000
成 交 价：RMB 24,200

白玉雕螭纹环
年　　代：明代
尺　　寸：直径 15.3 厘米
拍卖时间：天津文物 2005 年 6 月 13 日　第 616 号
估　　价：RMB 250,000
成 交 价：RMB 275,000

白玉雕天禄砚滴
年　　代：明代
尺　　寸：长 15.2 厘米
拍卖时间：天津文物 2005 年 6 月 13 日　第 622 号
估　　价：RMB 120,000
成 交 价：RMB 132,000

青玉印盒
年　　代：明代
尺　　寸：长 6.2 厘米
拍卖时间：天津文物 2005 年 6 月 13 日　第 634 号
估　　价：RMB 25,000
成 交 价：RMB 27,500

白玉雕螭龙带钩

年　　代：明代

尺　　寸：长 11 厘米

拍卖时间：北京翰海 2005 年 12 月 12 日　第 2440 号

估　　价：RMB 20,000 ~ 30,000

成 交 价：RMB 33,000

黄玉雕双欢佩

年　　代：明代

尺　　寸：长 6.7 厘米

拍卖时间：天津文物 2006 年 6 月 23 日　第 998 号

估　　价：RMB 50,000

成 交 价：RMB 55,000

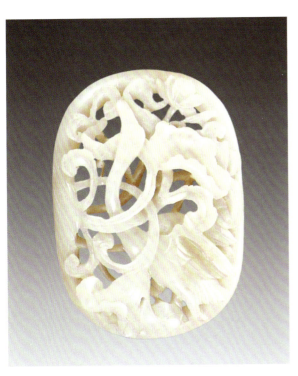

白玉雕海东青饰件

年　　代：明代

尺　　寸：长 8.8 厘米

拍卖时间：北京翰海 2005 年 12 月 12 日　第 2494 号

估　　价：RMB 25,000 ~ 35,000

成 交 价：RMB 27,500

黄玉雕螭纹镙形佩

年　　代：明代

尺　　寸：高 7.8 厘米

拍卖时间：天津文物 2006 年 6 月 23 日　第 984 号

估　　价：RMB 35,000

成 交 价：RMB 38,800

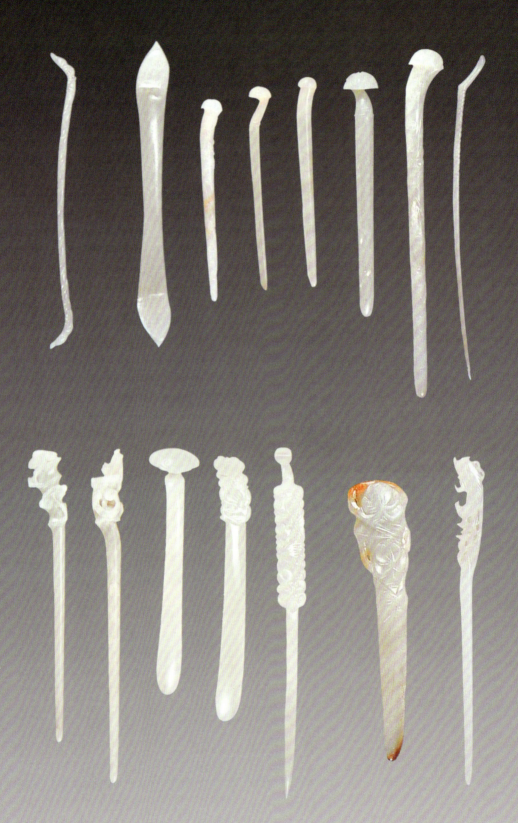

白玉发簪（15件）
年　　代：明代至清代
尺　　寸：不一
拍卖时间：北京翰海 2005 年 12 月 12 日 第 2447 号
估　　价：RMB 25,000 ~ 30,000
成 交 价：RMB 85,000

玉雕多宝串饰
年　　代: 明早期
尺　　寸: 不等
拍卖时间: 北京翰海 2005 年 12 月 12 日　第 2529 号
估　　价: RMB 8,000 ~ 10,000
成 交 价: RMB 16,500

白玉雕蟠螭纹双联璧
年　　代：明早期
尺　　寸：长 12.5 厘米
拍卖时间：天津文物 2006 年 6 月 23 日 第 1053 号
估　　价：RMB 30,000
成 交 价：RMB 88,000

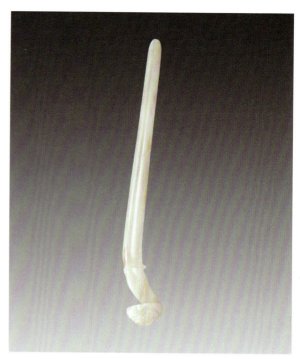

子冈款白玉发簪
年　　代：明代
尺　　寸：长 15.8 厘米
拍卖时间：天津文物 2004 年 6 月 23 日　第 388 号
估　　价：RMB 6,000
成 交 价：RMB 14,300

墨玉雕和合二仙佩
年　　代：明代
尺　　寸：高 3.5 厘米
拍卖时间：天津文物 2006 年 6 月 23 日 第 1062 号
估　　价：RMB 10,000
成 交 价：RMB 33,000

黄玉瑞兽
年　　代：明代
尺　　寸：长 5 厘米
拍卖时间：北京翰海 2006 年 12 月 18 日 第 1803 号
估　　价：RMB 25,000 ~ 35,000
成 交 价：RMB 30,800

白玉透雕云龙佩

年　　代：明代

尺　　寸：高 7 厘米

拍卖时间：北京翰海 2007 年 6 月 25 日　第 1948 号

估　　价：RMB 160,000 ~ 250,000

成 交 价：RMB 268,800

黄玉螭龙勒子

年　　代：明代

尺　　寸：高 7 厘米

拍卖时间：北京翰海 2007 年 6 月 25 日　第 1960 号

估　　价：RMB 45,000 ~ 65,000

成 交 价：RMB 112,000

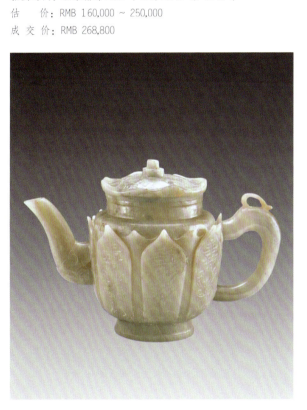

玉莲瓣万寿长春壶

年　　代：明代

尺　　寸：高 13 厘米

拍卖时间：北京翰海 2007 年 6 月 25 日　第 1865 号

估　　价：RMB 200,000 ~ 300,000

成 交 价：RMB 280,000

玉马上封侯

年　　代：明代

尺　　寸：长 11.5 厘米

拍卖时间：北京翰海 2007 年 6 月 25 日　第 2042 号

估　　价：RMB 150,000 ~ 250,000

成 交 价：RMB 358,400

玉炫纹觥形砚滴
年　　代：明代
尺　　寸：高 6.3 厘米
拍卖时间：北京翰海 2007 年 6 月 25 日
　　　　　第 1895 号
估　　价：RMB 100,000 ~ 150,000
成交价：RMB 112,000

白玉释迦牟尼佛立像
年　　代：明初
尺　　寸：高 19.5 厘米
拍卖时间：匡时 2010 年 12 月 4 日　第 366 号
估　　价：RMB 200,000 ~ 250,000
成交价：RMB 616,000

玉鸡
年　　代：明代
尺　　寸：长 4 厘米
拍卖时间：北京翰海 2008 年 1 月 13 日
　　　　　第 2099 号
估　　价：RMB 20,000
成交价：RMB 35,840

母子情深
年　　代：明代
尺　　寸：高 3 厘米
拍卖时间：嘉德 2008 年 4 月 27 日
　　　　　第 1813 号
估　　价：RMB 60,000 ~ 80,000
成交价：RMB 67,200

玉猴献桃
年　　代：明代
尺　　寸：长 5.1 厘米
拍卖时间：嘉德 2008 年 4 月 27 日
　　　　　第 1814 号
估　　价：RMB 68,000 ~ 88,000
成交价：RMB 78,400

玉翼兽
年　　代：明代
尺　　寸：长 5 厘米
拍卖时间：嘉德 2008 年 4 月 27 日
　　　　　第 1858 号
估　　价：RMB 80,000 ~ 100,000
成交价：RMB 123,200

黄玉人物首
年　　代：明代
尺　　寸：高 3.8 厘米
拍卖时间：北京翰海 2008 年 12 月 7 日
　　　　　第 1426 号
估　　价：RMB 8,000 ~ 12,000
成 交 价：RMB 145,600

玉雕螭龙鸡心佩
年　　代：明代
尺　　寸：高 8.8 厘米
拍卖时间：北京翰海 2009 年 5 月 9 日
　　　　　第 1323 号
估　　价：RMB 120,000 ~ 180,000
成 交 价：RMB 268,800

碧玉云纹龙凤觥
年　　代：明代
尺　　寸：高 13.4 厘米
拍卖时间：北京翰海 2008 年 12 月 7 日　第 1440 号
估　　价：RMB 120,000 ~ 150,000
成 交 价：RMB 134,400

玉双鼠
年　　代：明代
尺　　寸：长 7.2 厘米
拍卖时间：北京翰海 2008 年 12 月 7 日
　　　　　第 1408 号
估　　价：RMB 30,000 ~ 50,000
成 交 价：RMB 112,000

玉卧狮
年　　代：明代
尺　　寸：长 9 厘米
拍卖时间：北京翰海 2008 年 12 月 7 日
　　　　　第 1462 号
估　　价：RMB 100,000 ~ 120,000
成 交 价：RMB 145,000

黄玉卧犬
年　　代：明代
尺　　寸：长 7.8 厘米
拍卖时间：北京翰海 2008 年 12 月 7 日
　　　　　第 1463 号
估　　价：RMB 100,000 ~ 130,000
成 交 价：RMB 134,400

黄玉兽面出戟鼎式炉

　年　　代：明代

　尺　　寸：高 14.3 厘米

　拍卖时间：北京翰海 2009 年 5 月 9 日　第 1493 号

　估　　价：RMB 50,000 ～ 80,000

　成 交 价：RMB 145,600

黄玉骆驼

　年　　代：明代

　尺　　寸：长 5.7 厘米

　拍卖时间：北京翰海 2009 年 5 月 9 日　第 1576 号

　估　　价：RMB 150,000 ～ 200,000

　成 交 价：RMB 168,000

白玉太狮少狮

　年　　代：明代

　尺　　寸：长 7.7 厘米

　拍卖时间：北京翰海 2009 年 5 月 9 日　第 1577 号

　估　　价：RMB 250,000 ～ 280,000

　成 交 价：RMB 280,000

青白玉雕莲藕摆件

年　　代：明代
尺　　寸：26.7 厘米 ×11 厘米
拍卖时间：北京翰海 2009 年 5 月 9 日　第 1580 号
估　　价：RMB 50,000 ~ 70,000
成 交 价：RMB 56,000

仿古灰黄玉龙凤纹瓶

年　　代：明代
尺　　寸：22.2 厘米
拍卖时间：巴黎苏富比 2009 年 6 月 11 日　第 260 号
估　　价：EUR 60,000 ~ 80,000
成 交 价：EUR 156,750

黄玉雕象

年　　代：明代
尺　　寸：长 7.5 厘米
拍卖时间：北京翰海 2009 年 11 月 11 日　第 3086 号
估　　价：RMB 250,000 ~ 300,000
成 交 价：RMB 425,600

灰墨玉雕龙纹葵口杯
年　　代：明代
尺　　寸：高 6.4 厘米
拍卖时间：伦敦佳士得 2009 年 5 月 15 日
　　　　　第 249 号
估　　价：GBP 1,000 ~ 1,500
成 交 价：GBP 133,250

旧玉瑞兽
年　　代：明代
尺　　寸：长 5.1 厘米
拍卖时间：北京翰海 2009 年 11 月 11 日
　　　　　第 2893 号
估　　价：RMB 100,000 ~ 150,000
成 交 价：RMB 179,200

白玉瑞兽衔枝摆件
年　　代：明代
尺　　寸：长 8.5 厘米
拍卖时间：北京翰海 2010 年 6 月 6 日
　　　　　第 1841 号
估　　价：RMB 150,000 ~ 200,000
成 交 价：RMB 358,400

玉雕瑞兽摆件
年　　代：明代
尺　　寸：长 6.5 厘米
拍卖时间：嘉德 2010 年 5 月 16 日
　　　　　第 2567 号
估　　价：RMB 100,000 ~ 150,000
成 交 价：RMB 504,000

旧玉瑞兽
年　　代：明代
尺　　寸：长 8.7 厘米
拍卖时间：北京翰海 2010 年 6 月 6 日
　　　　　第 1848 号
估　　价：RMB 200,000 ~ 250,000
成 交 价：RMB 212,800

玉丽金卧犬
年　　代：明代
尺　　寸：长 7.5 厘米
拍卖时间：北京翰海 2010 年 6 月 6 日
　　　　　第 1715 号
估　　价：RMB 80,000 ~ 100,000
成 交 价：RMB 302,400

白玉留皮胡人戏狮
年　　代：明代
尺　　寸：长 7.8 厘米
拍卖时间：北京保利 2010 年 6 月 4 日
　　　　　第 4134 号
估　　价：RMB 300,000 ~ 500,000
成 交 价：RMB 1,456,000

白玉胡人献宝
年　　代：明代
尺　　寸：高 4.2 厘米
拍卖时间：北京翰海 2010 年 6 月 6 日
　　　　　第 1741 号
估　　价：RMB 70,000 ~ 90,000
成 交 价：RMB 436,800

白玉龙凤佩
年　　代：明代
尺　　寸：高 4.2 厘米
拍卖时间：匡时 2010 年 6 月 6 日
　　　　　第 1289 号
估　　价：RMB 35,000 ~ 40,000
成 交 价：RMB 42,560

白玉教子升天佩

年　　代：明代

尺　　寸：高 5.5 厘米

拍卖时间：北京翰海 2010 年 12 月 12 日
　　　　　第 2446 号

估　　价：RMB 180,000 ~ 250,000

成 交 价：RMB 246,400

玉乳钉纹勒

年　　代：明代

尺　　寸：高 4.2 厘米

拍卖时间：北京翰海 2010 年 12 月 12 日
　　　　　第 2482 号

估　　价：RMB 30,000 ~ 50,000

成 交 价：RMB 33,600

玉瑞兽砚滴

年　　代：明代

尺　　寸：长 9.8 厘米

拍卖时间：北京翰海 2010 年 12 月 12 日
　　　　　第 2454 号

估　　价：RMB 80,000 ~ 120,000

成 交 价：RMB 128,800

玉琮

年　　代：明代

尺　　寸：高 3 厘米

拍卖时间：北京翰海 2010 年 12 月 12 日
　　　　　第 2484 号

估　　价：RMB 120,000 ~ 180,000

玉瑞兽

年　　代：明代

尺　　寸：长 8.5 厘米

拍卖时间：北京翰海 2010 年 12 月 12 日
　　　　　第 2517 号

估　　价：RMB 180,000 ~ 250,000

成 交 价：RMB 235,200

旧玉包袱虎

年　　代：明代

尺　　寸：长 6 厘米

拍卖时间：北京翰海 2010 年 12 月 12 日
　　　　　第 2520 号

估　　价：RMB 250,000 ~ 350,000

成 交 价：RMB 280,000

旧玉瑞兽

年　　代：明代

尺　　寸：长 4.5 厘米

拍卖时间：北京翰海 2011 年 5 月 21 日
　　　　　第 2524 号

估　　价：RMB 50,000 ~ 80,000

成 交 价：RMB 138,000

旧玉虎

年　　代：明代

尺　　寸：长 5 厘米

拍卖时间：北京翰海 2011 年 5 月 21 日
　　　　　第 2731 号

估　　价：RMB 15,000 ~ 20,000

成 交 价：RMB 16,100

黄玉蟾

年　　代：明代

尺　　寸：长 5.8 厘米

拍卖时间：嘉德 2011 年 5 月 23 日
　　　　　第 3759 号

估　　价：RMB 12,000 ~ 22,000

成 交 价：RMB 195,500

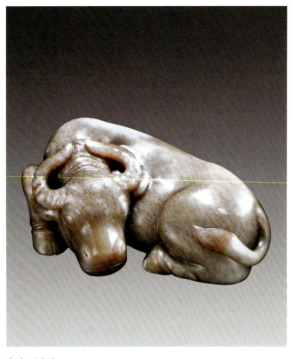

灰白玉水牛

年　　代：明代
尺　　寸：长 21 厘米
拍卖时间：匡时 2010 年 6 月 6 日　第 1242 号
估　　价：RMB 1,500,000 ~ 1,800,000
成 交 价：RMB 1,736,000

玉卧狮

年　　代：明代
尺　　寸：长 8.9 厘米
拍卖时间：北京翰海 2011 年 11 月 19 日　第 3523 号
估　　价：RMB 120,000 ~ 150,000
成 交 价：RMB 126,500

青玉葵耳杯

年　　代：明代
尺　　寸：长 12 厘米
拍卖时间：匡时 2010 年 6 月 6 日
　　　　　第 1357 号
估　　价：RMB 70,000 ~ 80,000
成 交 价：RMB 84,000

青玉子母卧牛

年　　代：明代
尺　　寸：高 20 厘米
拍卖时间：匡时 2010 年 6 月 6 日
　　　　　第 1368 号
估　　价：RMB 500,000 ~ 600,000
成 交 价：RMB 560,000

玉带板（十一件）
年　　代：明代
拍卖时间：北京翰海 2010 年 6 月 6 日　第 1955 号
估　　价：RMB 120,000 ～ 150,000
成 交 价：RMB 134,400

玉牛
年　　代：明代
尺　　寸：长 4.6 厘米
拍卖时间：北京翰海 2010 年 6 月 6 日
　　　　　　第 1914 号
估　　价：RMB 20,000 ～ 30,000
成 交 价：RMB 33,600

白玉留皮太狮少狮
年　　代：明代
尺　　寸：长 15.5 厘米
拍卖时间：匡时 2010 年 6 月 6 日
　　　　　　第 1234 号
估　　价：RMB 1,200,000 ～ 1,500,000
成 交 价：RMB 1,456,000

白玉英雄摆件
年　　代：明代
尺　　寸：长 6.5 厘米
拍卖时间：匡时 2010 年 12 月 4 日
　　　　　　第 185 号
估　　价：RMB 220,000 ～ 260,000
成 交 价：RMB 313,600

青白玉留皮云龙镇

年　　代：明代

尺　　寸：长 12.5 厘米

拍卖时间：北京保利 2010 年 12 月 5 日
　　　　　第 4715 号

估　　价：RMB 1,000,000 ~ 1,500,000

成 交 价：RMB 1,904,000

玉璧

年　　代：明仿汉

尺　　寸：直径 12.2 厘米

拍卖时间：北京翰海 2011 年 5 月 21 日
　　　　　第 2717 号

估　　价：RMB 120,000 ~ 160,000

成 交 价：RMB 235,750

青白玉镂雕凤穿牡丹杯

年　　代：明代

尺　　寸：宽 14.5 厘米

拍卖时间：嘉德 2011 年 5 月 23 日
　　　　　第 3672 号

估　　价：RMB 50,000 ~ 80,000

成 交 价：RMB 78,200

黄玉兽首带钩

年　　代：明代

尺　　寸：长 9 厘米

拍卖时间：北京翰海
　　　　　2010 年 12 月 12 日
　　　　　第 2608 号

估　　价：RMB 80,000 ~ 120,000

成 交 价：RMB 347,200

碧玉镂雕龙带扣

年　　代：明代

尺　　寸：长 14.5 厘米

拍卖时间：北京翰海
　　　　　2005 年 12 月 12 日
　　　　　第 2439 号

估　　价：RMB 20,000 ~ 30,000

成 交 价：无

路路通玉雕摆件

年　　代：明代

尺　　寸：高 8.8 厘米

拍卖时间：嘉德 2011 年 5 月 23 日
　　　　　第 3670 号

估　　价：RMB 18,000 ~ 28,000

成 交 价：RMB 51,750

白玉云龙纹绦环

年　　代：明代

尺　　寸：长 7.4 厘米

拍卖时间：北京保利 2011 年 6 月 6 日
　　　　　第 7418 号

估　　价：RMB 80,000 ~ 120,000

成 交 价：RMB 345,000

青白玉卧鹿

年　　代：明代

尺　　寸：长 5.5 厘米

拍卖时间：北京保利 2011 年 6 月 6 日
　　　　　第 7437 号

估　　价：RMB 50,000 ~ 80,000

成 交 价：RMB 149,500

白玉阳刻诗文双龙耳杯（一对）

年　　代：明代

尺　　寸：宽 12 厘米

拍卖时间：北京保利
　　　　　2011 年 6 月 5 日
　　　　　第 7194 号

估　　价：RMB 800,000 ~ 1,200,000

成 交 价：RMB 920,000

玉乳钉螭龙杯

年　　代：明代

尺　　寸：长 11.1 厘米

拍卖时间：北京翰海
　　　　　2011 年 5 月 21 日
　　　　　第 2718 号

估　　价：RMB 35,000 ~ 45,000

成 交 价：RMB 43,700

白玉巧雕梅花水洗

年　　代：明代

尺　　寸：高 4.5 厘米　直径 12 厘米

拍卖时间：匡时 2011 年 6 月 8 日　第 2306 号

估　　价：RMB 140,000 ~ 160,000

成 交 价：RMB 184,000

玉龙

年　　代：明代

尺　　寸：长 5.6 厘米

拍卖时间：北京翰海 2011 年 11 月 19 日　第 3501 号

估　　价：RMB 20,000 ~ 30,000

成 交 价：RMB 23,000

白玉巧色万喜灵芝龙文铊尾

年　　代：明代

尺　　寸：长 13.3 厘米

拍卖时间：北京保利 2011 年 6 月 6 日

　　　　　　第 7448 号

估　　价：RMB 100,000 ~ 150,000

成 交 价：RMB 345,000

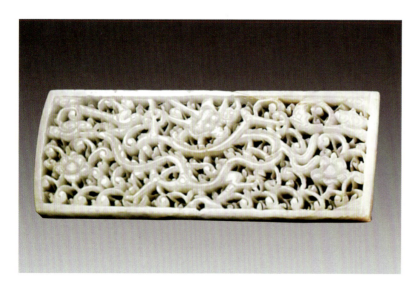

白玉花鸟龙纹铊尾

年　　代：明代

尺　　寸：长 13 厘米

拍卖时间：北京保利 2011 年 6 月 6 日

　　　　　　第 7450 号

估　　价：RMB 60,000 ~ 80,000

成 交 价：RMB 184,000

白玉镂雕凤穿牡丹小砚屏连座
年　　代：明代
尺　　寸：高15厘米　直径8厘米
拍卖时间：匡时 2011 年 6 月 8 日　第 2287 号
估　　价：RMB 55,000 ~ 60,000
成 交 价：RMB 63,250

白玉瑞兽衔芝

年　　代：明代

尺　　寸：高 6.6 厘米

拍卖时间：北京翰海 2011 年 11 月 19 日　第 3546 号

估　　价：RMB 250,000 ~ 350,000

成 交 价：RMB 287,500

玉饕餮纹琮式香薰

年　　代：明代

尺　　寸：高 7.5 厘米

拍卖时间：北京翰海 2011 年 11 月 19 日　第 3721 号

估　　价：RMB 300,000 ~ 400,000

成 交 价：RMB 368,000

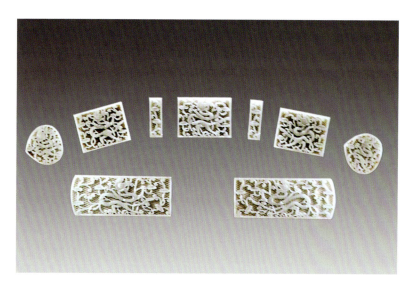

青白玉云龙纹带板（一组九件）

年　　代：明代

尺　　寸：不等

拍卖时间：北京保利 2011 年 6 月 6 日

　　　　　第 7447 号

估　　价：RMB 150,000 ~ 200,000

成 交 价：RMB 368,000

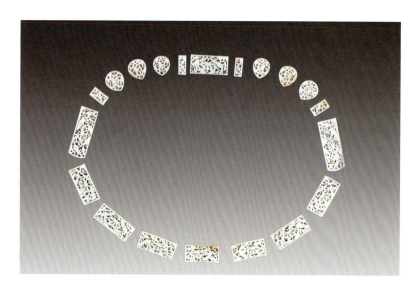

花鸟纹玉带板（一副）

年　　代：明代

尺　　寸：无尺寸

拍卖时间：北京荣宝

　　　　　2011 年 11 月 25 日

　　　　　第 944 号

估　　价：RMB 8,000,000 ~ 12,000,000

成 交 价：RMB 1,437,500

玉雕双凤衔枝纹洗

年　　代：明代

尺　　寸：长 15 厘米

拍卖时间：北京翰海 2011 年 11 月 19 日　第 3724 号

估　　价：RMB 150,000 ～ 200,000

成 交 价：RMB 207,000

白玉吉庆有余佩

年　　代：明代

尺　　寸：高 7.1 厘米　宽 3.9 厘米

拍卖时间：北京荣宝 2011 年 11 月 25 日　第 972 号

估　　价：RMB 200,000 ～ 280,000

成 交 价：RMB 460,000

青白玉双螭耳杯

年　　代：明代

尺　　寸：宽 14.7 厘米

拍卖时间：北京保利

　　　　　2011 年 6 月 6 日

　　　　　第 7514 号

估　　价：RMB 100,000 ～ 150,000

成 交 价：RMB 322,000

白玉桃形单耳杯

年　　代：明代

尺　　寸：宽 9.7 厘米

拍卖时间：北京保利

　　　　　2011 年 6 月 6 日

　　　　　第 7515 号

估　　价：RMB 100,000 ～ 150,000

成 交 价：RMB 287,500

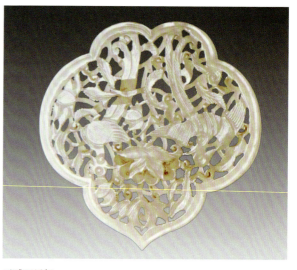

玉雕双凤佩
年　　代：明代
尺　　寸：长8厘米
拍卖时间：北京翰海 2011 年 12 月 18 日　第 1569 号
估　　价：RMB 10,000
成 交 价：RMB 11,500

玉雕双凤佩
年　　代：明代
尺　　寸：高8厘米
拍卖时间：北京翰海 2011 年 12 月 18 日　第 1570 号
估　　价：RMB 10,000
成 交 价：RMB 13,800

白玉绞索纹手镯（一对）
年　　代：明代
尺　　寸：直径8厘米
拍卖时间：北京荣宝 2011 年 11 月 25 日
　　　　　第 979 号
估　　价：RMB 80,000 ～ 120,000
成 交 价：RMB 184,000

白玉三狮
年　　代：明代
尺　　寸：长 11.7 厘米
拍卖时间：嘉德 2012 年 5 月 14 日
　　　　　第 3504 号
估　　价：RMB 80,000 ～ 120,000
成 交 价：RMB 230,000

清代玉器

中国古代玉器拍卖投资考成汇典

ZHONG GUO GU DAI YU QI
PAI MAI TOU ZI
KAO CHENG HUI DIAN

1. 清代玉器概况

清代玉器的成就主要在乾隆朝。此时新疆平定，优质和田玉大量输入内地，为制作高档玉器提供了原料。乾隆时期，宫廷玉作有十处，在京师有养心殿造办处和内廷如意馆，在外埠有苏州、两淮(扬州)、杭州、江宁、淮关、长芦(天津)、九江、凤阳，分别由当地的织造、盐政、钞关等衙门督办，并由内务府直接管理，接受宫廷钦定的琢玉任务。这十处玉作坊又以如意馆、苏州、两淮(扬州)、长芦(天津)最有名，如重逾万斤的"大禹治水玉山"和三千多斤重的"南山积翠玉山"、"云龙玉瓮"分别在两淮(扬州)和长芦(天津)制作。

清中期玉器有仿古陈设玉器、文房玉器、供器、饮食器、生活用品玉器、首饰佩饰、玉家具等七大种类。其仿古器造型风格以宋吕大临《考古图》、王黼的《宣和博古图》内的古器为蓝本，用以陈设欣赏，不但要求型致，而且要求神韵相似。文房玉器是指文房的笔、笔筒、玉洗、玉砚、砚滴滴、水呈、墨床、臂格、镇纸等，多为精工巧做、华贵富丽风格。日常生活用品玉器与饮食玉器，多是宫廷与王公贵族所用，常见有茶具、酒器、玉盘、玉盒、香熏等。所用玉料精美，造型有仿古玉器和镶嵌玉器。纹饰风格有仿生、自然景物、俏色巧雕等。

镶嵌玉家具，是清代继宋以来发展的一个新的玉器种类，有玉屏风、玉桌、玉椅。北京故宫博物院收藏的清中期沧浪亭图挂屏，是把绘画、制玉工艺相互融合，以浅浮雕技法，刻划平面山石的新装饰艺术。玉佩饰在清中期也具特色，在继承了宋元明的日常香囊、手镯、玉牌饰等之外，还有玉扳指、朝珠、翎管、扁方等。

清代　和阗白玉错金嵌宝石盌
(北京故宫博物院藏)

清中期外来玉器进入中土，一个是痕都斯坦玉器，乾隆皇帝对痕都斯坦玉器非常喜欢，在《高宗御制诗》就有歌颂诗句多达五十余首，有"痕都水磨工，精巧信难穷"。

另一种是缅甸翡翠，北京故宫博物院就收藏有清中期翡翠太极图盘、翡翠丹凤花插。由于社会安定、经济繁荣、制玉工艺发达，清中期是中国制玉史上无比辉煌时期，并且对后世产生了极大影响。

清晚期从道光朝至宣统朝，内忧外患，江河日下，制玉业遭受严重的破坏。但宫廷玉器在清中期受内廷造办处玉作影响，受的冲击较小。同时江南扬州、苏州制玉中心，还有少量的玉器精品。收藏于台北"故宫博物院"的翠玉白菜和玛瑙肉形石，是清晚期玉器典型的代表，是神形兼备，鬼斧神工之器。

民间玉作分布在苏州、扬州、北京、西安、潍坊及河南、辽宁等省，业

翡翠丹凤花插　清(北京故宫博物院藏)

清 肉形石
（台北"故宫博物院"藏）

务兴旺，形成了以北京为代表的"北玉"派，以扬州为代表的"南玉"派。

清代玉器品种最齐全，满足宫廷和民间生活的各个方面的需求，并有许多前朝未有的特色玉器，如薄胎玉器、大型玉山、玉宝石花卉盆景、翡翠首饰，工艺达到了历史最高的水平。清乾隆朝以后，玉器生产渐入衰落，不仅规模减退，工艺制作上亦取巧偷工。

2. 清代玉器典型拍卖品

1995 年 1 月 12 日，北京翰海"中国古董珍玩专场"第 736 号拍品——清中期玉莲蓬摆件，长 12.5 厘米，以 10.45 万元人民币成交。

1996 年 4 月 20 日，中国嘉德拍"瓷器玉器鼻烟壶工艺品专场"第 773 号拍品——清中期白玉留皮卧牛，长 5 厘米，以 5.2 万元人民币成交。

1999 年 11 月 2 日，香港佳士得"中国瓷器及工艺品专场"第 821 号拍品——清白玉麒麟，长 15.3 厘米，以 23 万港元成交。

2000 年 5 月 2 日，香港苏富比"重要中国瓷器及工艺品专场"第 806 号拍品——清中期青玉双鱼纹葵口双耳活环盆，长 31.3 厘米，以 8.9 万港元成交。

2001 年 10 月 29 日，香港佳士得"重要中国工艺精品专场"第 0704 号拍品，以 169.5 万港元成交。

2004 年 4 月 25 日，香港苏富比"玉器专场"第 95 号拍品——清乾隆御制寒山听雪阁碧玉山子，高 25.5 厘米，以 835.04 万港元成交。

2004 年 10 月 31 日，香港苏富比"中国瓷器及工艺品专场"第 0233 号拍品——清乾隆白玉茶壶，宽 19 厘米，以 678.24 万港元成交。

2004 年 10 月 31 日，香港苏富比"龙游帝苑专场"第 0003 号拍品——清乾隆帝御宝《纪恩堂》交龙钮白玉玺，长 10.4 厘米，以 1406.24 万港元成交。

2009 年 5 月 21 日，Woolley & wallis 拍卖公司"中国瓷器工艺品专场"第 388 号拍品——清乾隆碧玉卧牛，长 20.8 厘米，以 420 万英镑成交。此件玉器居 2009 年中国玉器拍卖十大排行榜第一位。

2009 年 5 月 31 日，北京诚轩"中国瓷器工艺品专场"第 872 号拍品——清乾隆御制王献之《中秋帖》、《洛神赋》玉版，长 30.9 厘米，宽 29.6 厘米，厚 1.7 厘米，以 1848 万元人民币成交。此件玉器居 2009 年中国玉器拍卖排行榜第二位。

2009 年 12 月 1 日，香港佳士得"重要中国陶瓷及工艺精品专场"第 2009 号拍品——清乾隆白玉卧牛，长 27 厘米，以 2082 万港元成交。此件玉器是 2009 年中国玉器拍卖十大排行榜第三位。

2010 年 12 月 1 日香港佳士得"重要的中国瓷器及工艺精品专场"第 3039 号拍品——清乾隆御制碧玉雕《马远四皓图》山子，长 80 厘米，以 5666 万港元成交。此件玉器居 2010 年中国玉器拍卖十大排行榜第一位。

清 翠玉白菜
（台北"故宫博物院"藏）

2010 年 11 月 17 日，Woolley & wallis 拍卖公司"中国瓷器工艺品专场"第 340 号拍品——清乾隆御制白玉卧鹿，长 20.5 厘米，最终以 382.4 万英镑成交。此件玉器居 2010 年中国玉器拍卖十大排行榜第二位。

2010 年 12 月 15 日，巴黎佳士得"亚洲艺术瓷器玉器杂项专场"第 106 号拍品——18 世纪至 19 世纪碧玉《西园雅集图》笔筒，高 21 厘米，以 331.3 万欧元成交，居 2010 年中国玉器拍卖十大排行榜第三位。

2010 年玉玺拍卖也十分火热，排在前三位是：

2010 年 10 月 7 日，香港苏富比"瑰辞神——重要私人清宫御制工专场"第 3103 号拍品——乾隆帝御宝交龙钮白玉玺，长 12.9 厘米，以 1 亿 2162 万港元成交。

2010 年 6 月 26 日，台北宇珍"庆丰银行珍藏——国泰美术馆尘封 25 年珍宝再现专场"第 127 号拍品——乾隆青玉螭龙玉玺，长 12 厘米，宽 12 厘米，以 4 亿 8250 万新台币成交。

2010 年 4 月 8 日，香港苏富比"中国瓷器及工艺品专场"第 1815 号拍品——乾隆帝御宝题诗《太上皇帝》白玉圆玺，径 4.5 厘米，以 9586 万港元成交。此件玉玺 2011 年 12 月 6 日北京保利拍卖公司"忘情乎太上——清乾隆嘉庆玺印艺术专场拍卖"为第 4982 号拍品，最终以 1 亿 6100 万元人民币成交。该玉玺最早出现于香港苏富 2007 年 10 月 9 日"皇京西暮清代宫廷艺术珍品——镂月开云圆明遗珍专场"为第 1301 号拍品，以 4624.75 万港元成交。四年的时间升值近 3.5 倍，升值率百分之三百，每年近千万港元的升值空间。

2011 年是中国拍卖市场进入亿元时代的最高点。

2011 年 12 月 6 日，北京保利"天汉琼瑶——海外庋藏中国玉雕艺术精品专场"第 5016 号拍品——乾隆白玉角端一对，高 14.5 厘米，以 5520 万元人民币成交。此件玉器居 2011 年中国玉器十大排行榜第一位。

2011 年 10 月 5 日，香港苏富比"中国名瓷器及工艺精品专场"第 1909 号拍品——清 19 世纪翡翠镂雕螭龙带钩一对，长 9.7 厘米，以 3426 万港元成交。此件玉器居 2011 年中国玉器拍卖十大排行榜第二位。

2011 年 11 月 30 日，香港佳士得"重要的中国瓷器及工艺精品专场"第 2971 号拍品——乾隆御制白玉雕穿花吉祥盘龙纹双兽活环耳盖瓶，高 28 厘米，以 3314 万港元成交。此件玉器居 2011 年中国玉器拍卖十大排行榜第三位。

2011 年玉玺拍卖，北京保利拍卖乾隆白玉御题诗《太上皇帝》圆玺位居榜首，除此之外前三位分别是：

2011 年 12 月 6 日，北京保利拍卖"慎修思永——清道光《慎德堂宝》宝玺专场"第 4984 号拍品——清道光白玉御制文《慎德堂宝》交龙钮宝玺，高 10 厘米，长 11.5 厘米，宽 11.5 厘米，以 9085 万元人民币成交。

2011 年 4 月 8 日香港苏富比"皇苑天工——中国宫廷艺术菁华专场"第 2817 号拍品——乾隆帝御宝交龙钮白玉玺，长 8.2 厘米，以 6450 万元人民币成交。

2011 年 3 月 26 日 chassaing-Marambat 拍卖公司"中国工艺品专场拍卖"，第 17 号拍品——乾隆玉玺，长 9.9 厘米，宽 9.8 厘米，以 1239.3196 万欧元成交。

碧玉香熏（一对）

年　　代：清乾隆年间

尺　　寸：高 26.5 厘米

拍卖时间：嘉德 1994 年 11 月 9 日　第 727 号

估　　价：RMB 250,000 ~ 300,000

成 交 价：RMB 253,000

青玉透雕凤形佩

年　　代：清代

尺　　寸：高 7 厘米

拍卖时间：嘉德 1994 年 11 月 9 日
　　　　　　　　第 701 号

估　　价：RMb 10,000 ~ 15,000

成 交 价：RMB 15,400

子冈款白玉雕人物诗文牌

年　　代：清乾隆年间

尺　　寸：高 5.1 厘米

拍卖时间：嘉德 1994 年 11 月 9 日
　　　　　　　　第 710 号

估　　价：RMB 40,000 ~ 60,000

成 交 价：RMB 55,000

子冈款诗文人物牌

年　　代：清乾隆年间

尺　　寸：高 5.3 厘米

拍卖时间：嘉德 1994 年 11 月 9 日
　　　　　　　　第 726 号

估　　价：RMB 60,000 ~ 80,000

成 交 价：RMB 110,000

白玉芭斗纹鼻烟壶

年　　代：清乾隆年间

尺　　寸：高 6 厘米

拍卖时间：嘉德 1994 年 11 月 9 日

　　　　　第 743 号

估　　价：RMB 20,000 ～ 30,000

成 交 价：RMB 19,800

白玉雕佛造像

年　　代：清早期

尺　　寸：高 20 厘米

拍卖时间：嘉德 1994 年 11 月 9 日 第 722 号

估　　价：RMB 500,000 ～ 600,000

成 交 价：RMB 572,000

白玉嵌螺钿合和二仙图鼻烟壶

年　　代：清乾隆年间

尺　　寸：高 9 厘米

拍卖时间：嘉德 1994 年 11 月 9 日

　　　　　第 751 号

估　　价：RMB 16,000 ～ 18,000

成 交 价：RMB 22,000

白玉留皮雕卧牛

年　　代：清中期

尺　　寸：长 5 厘米

拍卖时间：嘉德 1996 年 4 月 20 日

　　　　　第 773 号

估　　价：RMB 20,000 ～ 30,000

成 交 价：RMB 41,800

白玉骏马图扳指

年　　代：清中期

尺　　寸：直径 3.2 厘米

拍卖时间：嘉德 1996 年 4 月 20 日

　　　　　第 778 号

估　　价：RMB 30,000 ～ 40,000

成 交 价：RMB 33,000

白玉巧色人物烟壶

年　　代：清代

尺　　寸：高 5.4 厘米

拍卖时间：嘉德 1996 年 4 月 20 日

　　　　　第 824 号

估　　价：RMB 20,000 ～ 30,000

成 交 价：RMB 46,200

白玉二乔共读子冈款牌

年　　代：清中期

尺　　寸：长 5.8 厘米 × 宽 4.2 厘米

拍卖时间：嘉德 1996 年 4 月 20 日
　　　　　第 780 号

估　　价：RMB 25,000 ~ 35,000

成 交 价：RMB 49,500

玛瑙菊瓣纹印盒

年　　代：清乾隆

尺　　寸：直径 6.4 厘米

拍卖时间：北京翰海 1996 年 6 月 30 日
　　　　　第 1109 号

估　　价：RMB 12,000 ~ 18,000

成 交 价：RMB 26,400

青白玉雕松鹤寿星山子

年　　代：清中期

尺　　寸：高 15.5 厘米

拍卖时间：嘉德 1999 年 4 月 21 日　第 1038 号

估　　价：RMB 80,000 ~ 10,000

成 交 价：RMB 88,000

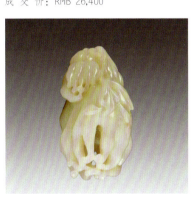

白玉佛手

年　　代：清中期

尺　　寸：长 11.2 厘米 × 宽 7 厘米

拍卖时间：嘉德 1996 年 4 月 20 日
　　　　　第 781 号

估　　价：RMB 35,000 ~ 45,000

成 交 价：RMB 33,000

黄玉雕蝙蝠纹如意

年　　代：清中期

尺　　寸：长 29.6 厘米

拍卖时间：嘉德 1996 年 4 月 20 日
　　　　　第 799 号

估　　价：RMB 300,000 ~ 350,000

成 交 价：RMB 275,000

黄玉留皮兽

年　　代：清中期

尺　　寸：长 7.2 厘米

拍卖时间：嘉德 1996 年 4 月 20 日
　　　　　第 767 号

估　　价：RMB 100,000 ~ 150,000

成 交 价：RMB 176,000

玉雕如意
年　　代：清乾嘉年间
尺　　寸：长 44.5 厘米
拍卖时间：嘉德 1994 年 11 月 9 日　第 707 号
估　　价：RMB 150,000 ~ 200,000
成 交 价：RMB 154,000

白玉雕携琴访友笔筒
年　　代：清代
尺　　寸：高 7.5 厘米
拍卖时间：北京翰海 1996 年 6 月 30 日
　　　　　第 1162 号
估　　价：RMB 28,000 ~ 40,000
成 交 价：RMB 66,000

玛瑙雕百寿鼻烟壶及虬角烟碟
年　　代：清雍正年间
尺　　寸：高 6.3 厘米
拍卖时间：嘉德 1994 年 11 月 9 日
　　　　　第 785 号
估　　价：RMB 80,000 ~ 100,000
成 交 价：RMB 74,800

玛瑙雕菊瓣印盒
年　　代：清中期
尺　　寸：直径 6 厘米
拍卖时间：北京翰海 1996 年 6 月 30 日
　　　　　第 1110 号
估　　价：RMB 8,000 ~ 12,000
成 交 价：RMB 15,400

玉随形砚
年　　代：清早期
尺　　寸：9 厘米 ×7.5 厘米
拍卖时间：北京翰海　1996 年 6 月 30 日
　　　　　第 1241 号
估　　价：RMB 15,000 ~ 20,000
成 交 价：RMB 37,400

玛瑙雕钟馗嫁妹鼻烟壶
年　　代：清中期
尺　　寸：高 7.2 厘米
拍卖时间：嘉德 1996 年 4 月 20 日
　　　　　第 851 号
估　　价：RMB 40,000 ～ 60,000
成 交 价：RMB 74,800

黄玉留皮鸟
年　　代：清中期
尺　　寸：长 8.2 厘米
拍卖时间：嘉德 1999 年 4 月 21 日　第 1022 号
估　　价：RMB 25,000 ～ 35,000
成 交 价：RMB 24,200

苏作墨玉白玉巧雕太白醉酒、苏武牧羊鼻烟壶
年　　代：清中期
尺　　寸：高 4.9 厘米
拍卖时间：嘉德 1996 年 4 月 20 日
　　　　　第 826 号
估　　价：RMB 150,000 ～ 200,000
成 交 价：RMB 572,000

清白玉雕龙纹鼻烟壶
年　　代：清中期
尺　　寸：高 5.7 厘米
拍卖时间：嘉德 1996 年 4 月 20 日
　　　　　第 833 号
估　　价：RMB 80,000 ～ 100,000
成 交 价：RMB 93,500

青白玉雕兽面纹双耳三足盖炉
年　　代：清中期
尺　　寸：耳径 14.5 厘米
拍卖时间：嘉德 1999 年 4 月 21 日　第 1059 号
估　　价：RMB 200,000 ～ 300,000
成 交 价：RMB 220,000

玉雕三猴捧桃摆件
年　　代：清中期
尺　　寸：高 5 厘米
拍卖时间：嘉德 1999 年 4 月 21 日
　　　　　第 1062 号
估　　价：RMB 20,000 ~ 30,000
成 交 价：RMB 17,600

青白玉雕兽面纹笔插
年　　代：清代
尺　　寸：高 6.5 厘米
拍卖时间：嘉德 1999 年 4 月 21 日
　　　　　第 1066 号
估　　价：RMB 20,000 ~ 30,000
成 交 价：RMB 24,200

火烧玉雕夔龙纹印盒
年　　代：清中期
尺　　寸：长 6 厘米
拍卖时间：嘉德 1999 年 10 月 27 日
　　　　　第 957 号
估　　价：RMB 8,000 ~ 12,000
成 交 价：RMB 16,500

白玉雕筐箩纹鼻烟壶
年　　代：清中期
尺　　寸：高 4.8 厘米
拍卖时间：嘉德 1999 年 4 月 21 日
　　　　　第 1115 号
估　　价：RMB 30,000 ~ 50,000
成 交 价：RMB 33,000

白玉铺首耳鼻烟壶
年　　代：清中期
尺　　寸：高 6.2 厘米
拍卖时间：嘉德 1999 年 4 月 21 日
　　　　　第 1116 号
估　　价：RMB 6,000 ~ 8,000
成 交 价：RMB 6,600

旧玉雕夔龙纹鼻烟壶
年　　代：清中期
尺　　寸：高 6.5 厘米
拍卖时间：嘉德 1999 年 4 月 21 日
　　　　　第 1117 号
估　　价：RMB 8,000 ~ 12,000
成 交 价：RMB 8,800

白玉碗
年　　代：清中期
尺　　寸：直径 11.8 厘米
拍卖时间：嘉德 1999 年 10 月 27 日
　　　　　第 961 号
估　　价：RMB 20,000 ~ 30,000
成 交 价：RMB 22,000

墨白玉雕二甲傅胪坠

年　　代：清中期

尺　　寸：长 5 厘米

拍卖时间：嘉德 1999 年 10 月 27 日
　　　　　第 994 号

估　　价：RMB 25,000～35,000

成 交 价：RMB 27,500

墨白玉素方章

年　　代：清中期

尺　　寸：1.8 厘米×2.3 厘米×2.3 厘米

拍卖时间：嘉德 1999 年 10 月 27 日
　　　　　第 1004 号

估　　价：RMB 4,000～6,000

成 交 价：RMB 4,400

影子玛瑙蟾榴百子图鼻烟壶

年　　代：清中期

尺　　寸：高 5.5 厘米

拍卖时间：嘉德 1999 年 10 月 27 日
　　　　　第 1105 号

估　　价：RMB 10,000～20,000

成 交 价：RMB 11,000

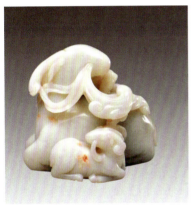

青白玉雕双羊摆件

年　　代：清中期

尺　　寸：高 14.5 厘米

拍卖时间：嘉德 1999 年 10 月 27 日
　　　　　第 984 号

估　　价：RMB 80,000～100,000

成 交 价：RMB 88,000

青白玉雕龙兽纹牌

年　　代：清中期

尺　　寸：高 5.4 厘米

拍卖时间：嘉德 1999 年 10 月 27 日
　　　　　第 960 号

估　　价：RMB 8,000～12,000

成 交 价：RMB 11,000

白玉雕回纹茶壶

年　　代：清乾隆年间

尺　　寸：长 11.5 厘米

拍卖时间：嘉德 1999 年 10 月 27 日
　　　　　第 963 号

估　　价：RMB 100,000～150,000

成 交 价：RMB 110,000

黄玉雕卧马

年　　代：清中期

尺　　寸：长 8 厘米

拍卖时间：嘉德 1999 年 10 月 27 日
　　　　　第 999 号

估　　价：RMB 15,000～25,000

成 交 价：RMB 27,500

白玉听琴图佩

年　　代：清中期
尺　　寸：高 6.2 厘米
拍卖时间：北京翰海 2000 年 1 月 9 日　第 1018 号
估　　价：RMB 20,000 ~ 30,000
成 交 价：RMB 26,400

白玉年年吉庆佩

年　　代：清中期
尺　　寸：高 5.7 厘米
拍卖时间：北京翰海 2000 年 1 月 9 日　第 1030 号
估　　价：RMB 25,000 ~ 35,000
成 交 价：RMB 33,000

白玉寿天百禄佩

年　　代：清中期
尺　　寸：高 6 厘米
拍卖时间：北京翰海 2000 年 1 月 9 日　第 1031 号
估　　价：RMB 28,000 ~ 40,000
成 交 价：RMB 39,600

白玉天降五福佩

年　　代：清中期
尺　　寸：高 6.5 厘米
拍卖时间：北京翰海 2000 年 1 月 9 日　第 1032 号
估　　价：RMB 28,000 ~ 40,000
成 交 价：RMB 41,800

白玉福寿簪子
年　　代：清中期
尺　　寸：长 20.7 厘米
拍卖时间：北京翰海 2000 年 1 月 9 日　第 1055 号
估　　价：RMB 6,000 ~ 8,000
成 交 价：RMB 7,700

白玉御题诗文扳指
年　　代：清中期
尺　　寸：高 2.2 厘米
拍卖时间：北京翰海 2000 年 1 月 9 日　第 1059 号
估　　价：RMB 10,000 ~ 15,000
成 交 价：RMB 56,100

黄玉二龙戏珠手镯
年　　代：清中期
尺　　寸：内径 5.9 厘米
拍卖时间：北京翰海 2000 年 1 月 9 日　第 1058 号
估　　价：RMB 12,000 ~ 18,000
成 交 价：RMB 56,000

玉痕都斯坦碗
年　　代：清中期
尺　　寸：直径 11.3 厘米
拍卖时间：北京翰海 2000 年 1 月 9 日　第 1095 号
估　　价：RMB 50,000 ～ 80,000
成 交 价：RMB 55,000

碧玉西蕃莲纹碗
年　　代：清中期
尺　　寸：直径 12.3 厘米
拍卖时间：北京翰海 2000 年 1 月 9 日　第 1097 号
估　　价：RMB 20,000 ～ 30,000
成 交 价：RMB 25,300

黄玉龙凤纹璧
年　　代：清乾隆年间
尺　　寸：高 9.9 厘米
拍卖时间：北京翰海 2000 年 1 月 9 日　第 1067 号
估　　价：RMB 100,000 ～ 150,000
成 交 价：RMB 605,500

 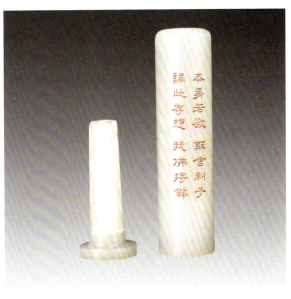

白玉花鸟书卷式墨床

年　　代：清乾隆时期

尺　　寸：长 11 厘米

拍卖时间：北京翰海 2000 年 1 月 9 日　第 1072 号

估　　价：RMB 80,000 ~ 120,000

成 交 价：RMB 253,000

玉佛筒

年　　代：清中期

尺　　寸：高 7 厘米

拍卖时间：北京翰海 2000 年 1 月 9 日　第 1197 号

估　　价：RMB 20,000 ~ 30,000

成 交 价：RMB 23,000

白玉长宜子孙纹璧

年　　代：清乾隆年间

尺　　寸：高 13.5 厘米

拍卖时间：北京翰海 2000 年 1 月 9 日　第 1068 号

估　　价：RMB 60,000 ~ 100,000

成 交 价：RMB 335,500

白玉三羊开泰摆件（带座）
年　　代：清代
尺　　寸：长 7.4 厘米
拍卖时间：北京翰海
　　　　　2000 年 1 月 9 日
　　　　　第 1179 号
估　　价：RMB 50,000 ～ 70,000
成 交 价：RMB 52,800

玉雕罗汉诗文山子（带座）
年　　代：清代
尺　　寸：高 18 厘米
拍卖时间：北京翰海
　　　　　2000 年 1 月 9 日
　　　　　第 1125 号
估　　价：RMB 300,000 ～ 500,000
成 交 价：RMB 363,000

玉麻姑献寿

年　　代：清中期
尺　　寸：高 8.7 厘米
拍卖时间：北京翰海
　　　　　2000 年 7 月 3 日
　　　　　第 1192 号
估　　价：RMB 15,000 ~ 25,000
成 交 价：RMB 165,000

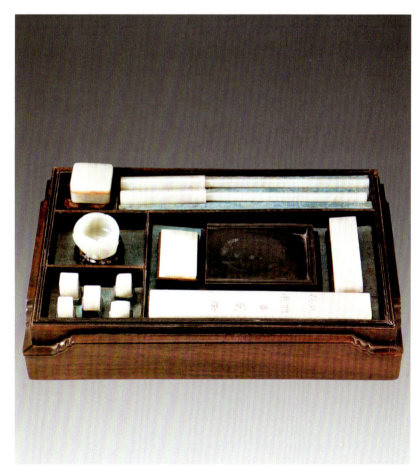

玉文房一套（13 件）

年　　代：清中期
拍卖时间：北京翰海
　　　　　2000 年 7 月 3 日
　　　　　第 1142 号
估　　价：RMB 80,000 ~ 120,000
成 交 价：RMB 88,000

白玉和合二仙葫芦瓶

年　　代：清中期

尺　　寸：高 16.3 厘米

拍卖时间：北京翰海 2000 年 12 月 11 日
　　　　　第 1071 号

估　　价：RMB 150,000 ~ 250,000

成 交 价：RMB 176,000

白玉人物佩

年　　代：清中期

尺　　寸：长 5.4 厘米

拍卖时间：北京翰海 2000 年 12 月 11 日
　　　　　第 1077 号

估　　价：RMB 20,000 ~ 30,000

成 交 价：RMB 115,500

玉佛手

年　　代：清中期

尺　　寸：高 13 厘米

拍卖时间：北京翰海 2000 年 12 月 11 日
　　　　　第 1107 号

估　　价：RMB 40,000 ~ 60,000

成 交 价：RMB 396,000

玉竹节镇纸

年　　代：清代

尺　　寸：长 9.5 厘米

拍卖时间：北京翰海 2000 年 7 月 3 日　第 1161 号

估　　价：RMB 18,000 ~ 26,000

成 交 价：RMB 77,000

玉羊

年　　代：清中期

尺　　寸：长 7 厘米

拍卖时间：北京翰海 2000 年 12 月 11 日
　　　　　第 1064 号

估　　价：RMB 40,000 ~ 60,000

成 交 价：RMB 132,000

白玉富贵有余如意

年　　代：清中期

尺　　寸：长 38 厘米

拍卖时间：北京翰海 2000 年 12 月 11 日　第 1104 号

估　　价：RMB 100,000 ~ 150,000

成 交 价：RMB 275,000

白玉螭龙纹方斗

年　　代：清中期

尺　　寸：长 10.5 厘米

拍卖时间：北京翰海 2000 年 12 月 11 日
　　　　　第 1065 号

估　　价：RMB 40,000 ~ 60,000

成 交 价：RMB 55,000

青玉蟾

年　　代：清代

尺　　寸：长 18 厘米

拍卖时间：北京翰海 2000 年 12 月 11 日
　　　　　第 1109 号

估　　价：RMB 40,000 ~ 60,000

成 交 价：RMB 39,600

黄玉带饰

年　　代：清中期

尺　　寸：长 4 厘米

拍卖时间：北京翰海 2000 年 12 月 11 日
　　　　　第 1207 号

估　　价：RMB 20,000 ~ 30,000

成 交 价：RMB 30,800

黄玉雕螭虎勒子

年　　代：清中期

尺　　寸：长 4.2 厘米

拍卖时间：北京翰海 2000 年 12 月 11 日
　　　　　第 1208 号

估　　价：RMB 25,000 ~ 35,000

成 交 价：RMB 41,800

玉雕鼠神

年　　代：清中期

尺　　寸：高 4.3 厘米

拍卖时间：北京翰海 2000 年 12 月 11 日
　　　　　第 1017 号

估　　价：RMB 18,000 ~ 25,000

成 交 价：RMB 77,000

白玉透雕嵌宝石香囊

年　　代：清中期

尺　　寸：直径 5.8 厘米

拍卖时间：北京翰海 2000 年 12 月 11 日　第 1145 号

估　　价：RMB 200,000 ~ 250,000

成 交 价：RMB 220,000

黄玉螭龙花鸟佩

年　　代：清中期

尺　　寸：高 5.8 厘米

拍卖时间：北京翰海 2000 年 7 月 3 日
　　　　　第 1088 号

估　　价：RMB 30,000 ~ 50,000

成 交 价：RMB 74,800

白玉草虫扇柄

年　　代：清中期

尺　　寸：长 20.7 厘米

拍卖时间：北京翰海 2000 年 12 月 11 日　第 1178 号

估　　价：RMB 15,000 ~ 20,000

成 交 价：RMB 17,600

白玉刻文字勒子

年　　代：清中期

尺　　寸：高 8.1 厘米

拍卖时间：北京翰海 2000 年 12 月 11 日　第 1205 号

估　　价：RMB 20,000 ～ 28,000

成 交 价：RMB 220,000

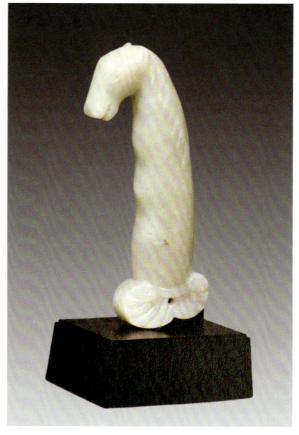

玉雕马头刀柄

年　　代：清代

尺　　寸：高 16.5 厘米

拍卖时间：嘉德 2001 年 6 月 19 ～ 20 日　第 4059 号

估　　价：RMB 3,000 ～ 5,000

成 交 价：RMB 31,360

白玉兽

年　　代：清代

尺　　寸：长 10.5 厘米

拍卖时间：嘉德 2001 年 6 月 19 ～ 20 日　第 3917 号

成 交 价：RMB 336,000

白玉山水纹兽耳衔环瓶

年　　代：清代

尺　　寸：高 23.5 厘米

拍卖时间：嘉德 2001 年 6 月 19 ～ 20 日　第 3911 号

成 交 价：RMB 76,160

玉坐佛

年　　代：清代

尺　　寸：高 16.5 厘米

拍卖时间：北京翰海 2000 年 12 月 11 日　第 1217 号

估　　价：RMB 80,000 ～ 120,000

成 交 价：RMB 192,500

白玉握权百禄笔架

年　　代：清代

尺　　寸：长 22.3 厘米

拍卖时间：嘉德 2001 年 6 月 19 ～ 20 日　第 4061 号

估　　价：RMB 120,000 ～ 220,000

成 交 价：RMB 145,600

白玉宜尔子孙佩
年　　代：清中期
尺　　寸：高6厘米
拍卖时间：北京翰海2001年12月10日
　　　　　第1536号
估　　价：RMB 200,000 ~ 300,000
成 交 价：RMB 297,000

白玉木兰从军佩
年　　代：清中期
尺　　寸：高4.8厘米
拍卖时间：北京翰海2001年12月10日
　　　　　第1537号
估　　价：RMB 150,000 ~ 200,000
成 交 价：RMB 143,000

白玉双喜别字
年　　代：清中期
尺　　寸：长6厘米
拍卖时间：北京翰海2001年12月10日
　　　　　第1325号
估　　价：RMB 20,000 ~ 30,000
成 交 价：RMB 19,800

白玉童子牧牛
年　　代：清中期
尺　　寸：长4.2厘米
拍卖时间：北京翰海2001年7月2日
　　　　　第1301号
估　　价：RMB 8,000 ~ 12,000
成 交 价：RMB 19,800

白玉福瑞兽
年　　代：清代
尺　　寸：长4.5厘米
拍卖时间：北京翰海2001年12月10日
　　　　　第1301号
估　　价：RMB 28,000 ~ 38,000
成 交 价：RMB 39,600

白玉凤纹佩
年　　代：清
尺　　寸：直径5.7厘米
拍卖时间：北京翰海2001年12月10日
　　　　　第1311号
估　　价：RMB 10,000 ~ 15,000
成 交 价：RMB 9,900

玛瑙留皮渔翁图洗
年　　代：清代
尺　　寸：长10.5厘米
拍卖时间：嘉德2001年6月19 ~ 20日
　　　　　第4167号
估　　价：RMB 5,000 ~ 8,000
成 交 价：RMB 10,080

白玉双凤绳纹系璧

年　　代：清中期
尺　　寸：高 7 厘米
拍卖时间：北京翰海 2001 年 12 月 10 日
　　　　　第 1319 号
估　　价：RMB 35,000 ～ 50,000
成 交 价：RMB 35,200

白玉杯

年　　代：清乾隆
尺　　寸：直径 8 厘米
拍卖时间：北京翰海 2001 年 12 月 10 日
　　　　　第 1335 号
估　　价：RMB 20,000 ～ 30,000
成 交 价：RMB 22,000

白玉杯

年　　代：清代
尺　　寸：直径 7.8 厘米
拍卖时间：北京翰海 2001 年 12 月 10 日
　　　　　第 1339 号
估　　价：RMB 60,000 ～ 80,000
成 交 价：RMB 137,500

白玉竹纹盖碗

年　　代：清代
尺　　寸：直径 10.8 厘米
拍卖时间：北京翰海 2001 年 12 月 10 日
　　　　　第 1338 号
估　　价：RMB 80,000 ～ 100,000
成 交 价：RMB 77,000

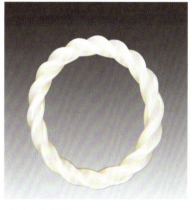

白玉麻花手镯

年　　代：清代
尺　　寸：直径 6 厘米
拍卖时间：北京翰海 2001 年 12 月 10 日
　　　　　第 1349 号
估　　价：RMB 15,000，～ 25,000
成 交 价：RMB 15,400

白玉独立朝纲扳指

年　　代：清中期
尺　　寸：直径 2.1 厘米
拍卖时间：北京翰海 2001 年 12 月 10 日
　　　　　第 1365 号
估　　价：RMB 12,000 ～ 18,000
成 交 价：RMB 19,800

白玉福寿手镯（二件）

年　　代：清中期
尺　　寸：内径 5.2 厘米
拍卖时间：北京翰海 2003 年 9 月 1 日
　　　　　第 1440 号
估　　价：RMB 15,000 ～ 25,000
成 交 价：RMB 110,000

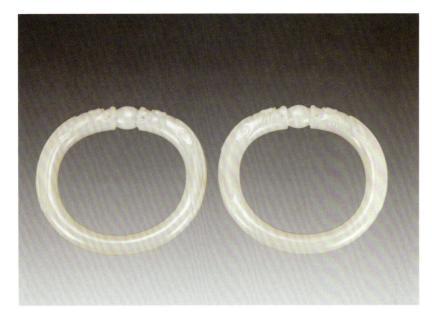

白玉二龙戏珠手镯（二件）

年　　代：清代

尺　　寸：直径 6 厘米

拍卖时间：北京翰海

　　　　　2001 年 12 月 10 日

　　　　　第 1348 号

估　　价：RMB 15,000 ～ 25,000

成 交 价：RMB 33,000

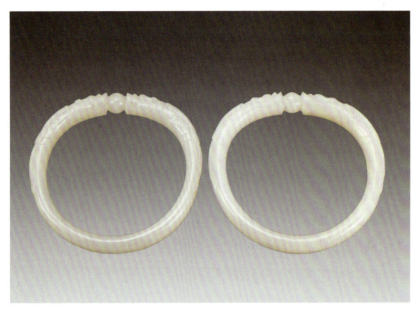

白玉二龙戏珠手镯（二件）

年　　代：清代

尺　　寸：直径 5.6 厘米

拍卖时间：北京翰海

　　　　　2001 年 12 月 10 日

　　　　　第 1347 号

估　　价：RMB 10,000 ～ 15,000

成 交 价：RMB 18,700

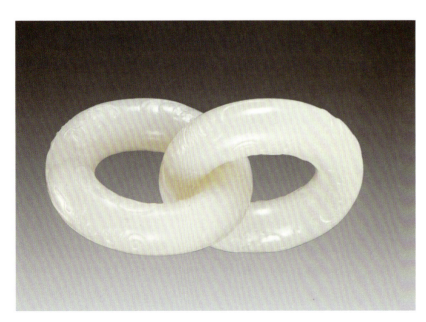

白玉蝠纹双环

年　　代：清代

尺　　寸：直径 5.3 厘米

拍卖时间：北京翰海

　　　　　2001 年 12 月 10 日

　　　　　第 1564 号

估　　价：RMB 40,000 ～ 60,000

成 交 价：RMB 39,600

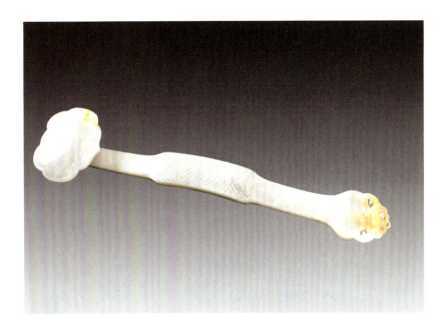

白玉福寿如意

年　　代：清代

尺　　寸：长 38.5 厘米

拍卖时间：北京翰海

　　　　　2001 年 12 月 10 日

　　　　　第 1410 号

估　　价：RMB 160,000 ~ 220,000

成 交 价：RMB 253,000

白玉带皮御题诗纹、素面扳指（二件）

年　　代：清中期

尺　　寸：直径 1.8 厘米

拍卖时间：北京翰海

　　　　　2001 年 12 月 10 日

　　　　　第 1368 号

估　　价：RMB 20,000 ~ 30,000

成 交 价：RMB 26,400

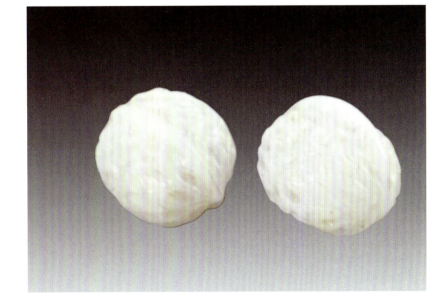

白玉核桃（二件）

年　　代：清代

尺　　寸：长 4.2 厘米

拍卖时间：北京翰海

　　　　　2001 年 12 月 10 日

　　　　　第 1564 号

估　　价：RMB 8,000 ~ 12,000

成 交 价：RMB 13,200

白玉人物佩

年　　代：清中期

尺　　寸：长 4.8 厘米

拍卖时间：北京翰海 2001 年 12 月 10 日　第 1573 号

估　　价：RMB 80,000 ~ 120,000

成 交 价：RMB 231,000

白玉狮钮鼎式长方炉

年　　代：清代

尺　　寸：高 22.5 厘米

拍卖时间：北京翰海 2001 年 12 月 10 日　第 1484 号

估　　价：RMB 1,000,000 ~ 1,500,000

成 交 价：RMB 2,475,000

白玉灵芝花插

年　　代：清代

尺　　寸：高 9 厘米

拍卖时间：北京翰海 2001 年 12 月 10 日　第 1414 号

估　　价：RMB 100,000 ~ 150,000

成 交 价：RMB 121,000

黄玉鹰熊双联瓶

年　　代：清代

尺　　寸：高 16 厘米

拍卖时间：北京翰海 2001 年 12 月 10 日　第 1483 号

估　　价：RMB 250,000 ~ 350,000

成 交 价：RMB 242,000

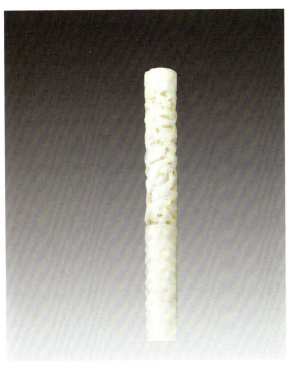

白玉雕龙笔杆

年　　代：清中期

尺　　寸：高 14.6 厘米

拍卖时间：北京翰海 2001 年 12 月 10 日　第 1462 号

估　　价：RMB 10,000 ～ 15,000

成 交 价：RMB 44,000

白玉透雕云龙毛笔

年　　代：清中期

尺　　寸：长 19 厘米

拍卖时间：北京翰海 2003 年 9 月 1 日　第 1351 号

估　　价：RMB 80,000 ～ 120,000

成 交 价：RMB 110,000

黄玉龙凤佩

年　　代：清代

尺　　寸：高 13.5 厘米

拍卖时间：北京翰海 2001 年 12 月 10 日　第 1582 号

估　　价：RMB 100,000 ～ 150,000

成 交 价：RMB 99,000

黄玉螭龙斧形佩

年　　代：清中期

尺　　寸：高 7.3 厘米

拍卖时间：北京翰海 2001 年 12 月 10 日　第 1583 号

估　　价：RMB 50,000 ～ 80,000

成 交 价：RMB 93,500

白玉夔龙三足炉
年　　代：清中期
尺　　寸：高 11 厘米
拍卖时间：北京翰海 2003 年 9 月 1 日　第 1381 号
估　　价：RMB 150,000 ~ 250,000
成 交 价：RMB 155,000

白玉双龙簋
年　　代：清中期
尺　　寸：高 18 厘米
拍卖时间：北京翰海 2003 年 9 月 1 日　第 1382 号
估　　价：RMB 1,000,000 ~ 1,200,000
成 交 价：RMB 800,000

白玉梅竹镇纸
年　　代：清中期
尺　　寸：长 12.5 厘米
拍卖时间：北京翰海 2003 年 9 月 1 日　第 1359 号
估　　价：RMB 50,000 ~ 80,000
成 交 价：RMB 130,000

白玉山水人物砚屏
年　　代：清中期
尺　　寸：高 23.8 厘米
拍卖时间：北京翰海 2003 年 9 月 1 日　第 1369 号
估　　价：RMB 120,000 ~ 150,000
成 交 价：RMB 110,000

白玉碗

年　　代：清中期

尺　　寸：直径 12.7 厘米

拍卖时间：北京翰海 2003 年 9 月 1 日　第 1384 号

估　　价：RMB 30,000 ~ 50,000

成 交 价：RMB 260,000

玉兽面出戟双耳三足炉

年　　代：清中期

尺　　寸：高 10.5 厘米

拍卖时间：北京翰海 2004 年 1 月 12 日　第 1942 号

估　　价：RMB 200,000 ~ 300,000

成 交 价：RMB 308,000

白玉佛

年　　代：清代

尺　　寸：高 13.5 厘米

拍卖时间：北京翰海 2003 年 9 月 1 日　第 1428 号

估　　价：RMB 150,000 ~ 250,000

成 交 价：RMB 140,000

黄玉龙凤佩

年　　代：清乾隆时期

尺　　寸：高 9.9 厘米

拍卖时间：北京翰海 2003 年 9 月 1 日　第 1430 号

估　　价：RMB 500,000 ~ 800,000

成 交 价：RMB 580,000

痕都斯坦玉刀

年　　代：清乾隆时期

尺　　寸：长 37.5 厘米

拍卖时间：北京翰海 2003 年 9 月 1 日　第 1421 号

估　　价：RMB 150,000 ~ 250,000

成 交 价：RMB 130,000

白玉书拨

年　　代：清代

尺　　寸：长 32 厘米

拍卖时间：北京翰海 2003 年 9 月 1 日　第 1437 号

估　　价：RMB 40,000 ~ 60,000

成 交 价：RMB 70,000

痕都斯坦玉西番莲双耳瓶

年　　代：清乾隆时期

尺　　寸：高 14.2 厘米

拍卖时间：北京翰海 2004 年 1 月 12 日　第 1870 号

估　　价：RMB 80,000 ~ 100,000

成 交 价：RMB 110,000

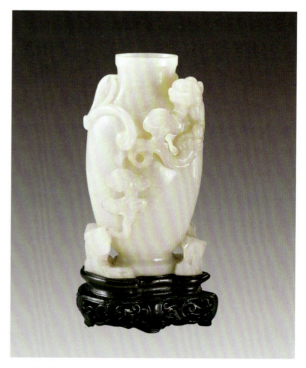

白玉螭龙瓶

年　　代：清中期

尺　　寸：高 12.6 厘米

拍卖时间：北京翰海　2004 年 1 月 12 日　第 1939 号

估　　价：RMB 90,000 ~ 120,000

成 交 价：RMB 88,000

白玉龙纹扇柄
年　　代：清乾隆时期
尺　　寸：长 10 厘米
拍卖时间：北京翰海 2003 年 9 月 1 日　第 1438 号
估　　价：RMB 6,000 ~ 10,000
成 交 价：RMB 40,000

碧玉描金花卉御题诗文笔筒
年　　代：清乾隆时期
尺　　寸：高 10.8 厘米
拍卖时间：北京翰海 2004 年 1 月 12 日　第 1859 号
估　　价：RMB 120,000 ~ 150,000
成 交 价：RMB 121,000

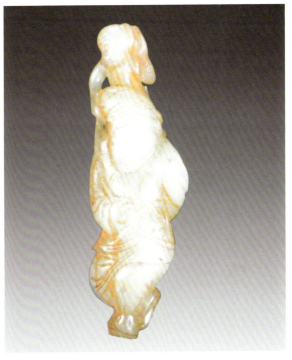

白玉兽面菱形瓶
年　　代：清中期
尺　　寸：高 21.4 厘米
拍卖时间：北京翰海　2004 年 1 月 12 日　第 1943 号
估　　价：RMB 180,000 ~ 200,000
成 交 价：RMB 176,000

白玉代代封侯坠
年　　代：清中期
尺　　寸：高 5.3 厘米
拍卖时间：北京翰海 2004 年 1 月 12 日　第 1801 号
估　　价：RMB 18,000 ~ 22,000
成 交 价：RMB 165,000

白玉山水人物笔筒
年　　代：清中期
尺　　寸：高 11 厘米
拍卖时间：北京翰海 2004 年 1 月 12 日　第 1850 号
估　　价：RMB 100,000 ～ 150,000
成 交 价：RMB 275,000

旧玉福寿香囊
年　　代：清乾隆时期
尺　　寸：高 6.5 厘米
拍卖时间：北京翰海　2003 年 9 月 10 日　第 1453 号
估　　价：RMB 10,000 ～ 15,000
成 交 价：RMB 45,000

白玉教子成龙花插
年　　代：清中期
尺　　寸：高 10.5 厘米
拍卖时间：北京翰海 2004 年 1 月 12 日　第 1866 号
估　　价：RMB 80,000 ～ 100,000
成 交 价：RMB 110,000

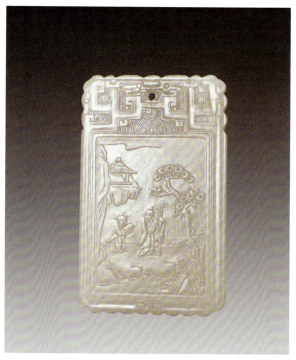

白玉人物佩
年　　代：清中期
尺　　寸：高 5.7 厘米
拍卖时间：北京翰海 2004 年 1 月 12 日　第 1936 号
估　　价：RMB 80,000 ～ 100,000
成 交 价：RMB 82,500

墨玉碗

年　　代：清乾隆时期

尺　　寸：直径 15.4 厘米

拍卖时间：北京翰海 2004 年 1 月 12 日　第 1946 号

估　　价：RMB 50,000 ~ 60,000

成 交 价：RMB 143,000

白玉岁岁平安摆件

年　　代：清中期

尺　　寸：长 12 厘米

拍卖时间：北京翰海 2004 年 1 月 12 日　第 1954 号

估　　价：RMB 300,000 ~ 350,000

成 交 价：RMB 308,000

玉卧犬

年　　代：清中期

尺　　寸：长 8 厘米

拍卖时间：北京翰海　2004 年 1 月 12 日　第 1810 号

估　　价：RMB 110,000 ~ 120,000

成 交 价：RMB 132,000

白玉菊瓣龙首洗

年　　代：清中期

尺　　寸：长 25.7 厘米

拍卖时间：北京翰海　2004 年 1 月 12 日　第 1862 号

估　　价：RMB 300,000 ~ 350,000

成 交 价：RMB 330,000

白玉渔翁垂钓笔山

年　　代：清中期

尺　　寸：长 16 厘米

拍卖时间：北京翰海　2004 年 1 月 12 日　第 1865 号

估　　价：RMB 35,000 ~ 50,000

成 交 价：RMB 99,000

白玉三童洗

年　　代：清中期

尺　　寸：长 12.8 厘米

拍卖时间：北京翰海

　　　　　　2004 年 1 月 12 日　第 1867 号

估　　价：RMB 800,000 ~ 1,200,000

成 交 价：RMB 1,012,000

白玉亭台对弈山子

年　　代：清乾隆时期

尺　　寸：长 13.4 厘米

拍卖时间：北京翰海 2004 年 1 月 12 日
　　　　　第 1977 号

估　　价：RMB 180,000 ~ 200,000

成 交 价：RMB 176,000

碧玉描金罗汉诗文插屏

年　　代：清乾隆时期

尺　　寸：高 22.5 厘米

拍卖时间：北京翰海 2004 年 1 月 12 日
　　　　　第 1982 号

估　　价：RMB 200,000 ~ 250,000

成 交 价：RMB 242,000

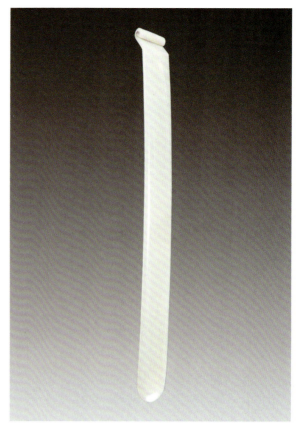

玉山子

年　　代：清中期
尺　　寸：高 14.5 厘米
拍卖时间：北京翰海 2004 年 1 月 12 日 第 1979 号
估　　价：RMB 150,000 ~ 180,000
成 交 价：RMB 154,000

白玉书拨

年　　代：清中期
尺　　寸：长 29 厘米
拍卖时间：北京翰海 2004 年 1 月 12 日 第 1986 号
估　　价：RMB 20,000 ~ 28,000
成 交 价：RMB 52,800

和田白玉活环双龙耳万寿纹碗

年　　代：清乾隆时期
尺　　寸：31.7 厘米
拍卖时间：香港佳士得 2004 年 4 月 26 日 第 1226 号
成 交 价：HKD 19,327,750

碧玉雕（太平有象）圆笔筒连紫檀木透雕如意纹座
年　　代：清乾隆时期
尺　　寸：直径 19 厘米
拍卖时间：香港苏富比 2004 年 4 月 25 日　第 11 号
估　　价：HKD　1,200,000 ~ 1,600,000
成 交 价：HKD　3,422,400

御制寒山听雪阁碧玉山子
年　　代：清乾隆时期
尺　　寸：高 25.5 厘米
拍卖时间：香港苏富比 2004 年 4 月 25 日　第 95 号
估　　价：HKD 6,000,000 ~ 8,000,000
成 交 价：HKD 8,350,000

黄玉透雕双龙八卦牌
款　　识："乾隆年制"款
年　　代：清代
尺　　寸：耳径 16 厘米
拍卖时间：香港苏富比 2004 年 4 月 25 日　第 122 号
估　　价：HKD 500,000 ~ 700,000
成 交 价：HKD 600,000

翠玉活环龙首耳三足盖炉

年　　代：清晚期

尺　　寸：耳径 22.2 厘米

拍卖时间：香港佳士得 2004 年 4 月 26 日　第 967 号

估　　价：HKD 5,500,000 ~ 7,000,000

成 交 价：HKD 6,223,750

翡翠雕双凤耳二龙戏珠钮三足炉

年　　代：清乾隆时期

尺　　寸：高 19.8 厘米

拍卖时间：中贸胜佳 2004 年 6 月 7 日　第 2011 号

估　　价：RMB 3,500,000 ~ 5,500,000

成 交 价：RMB 3,850,000

白玉竹节手镯

年　　代：清初

尺　　寸：内径 5.9 厘米

拍卖时间：天津文物 2004 年 6 月 23 日　第 401 号

估　　价：RMB 25,000

成 交 价：RMB 44,000

白玉留皮山子

年　　代：清代

尺　　寸：长 25 厘米

拍卖时间：天津文物 2004 年 6 月 23 日　第 210 号

估　　价：RMB 35,000

成 交 价：RMB 66,000

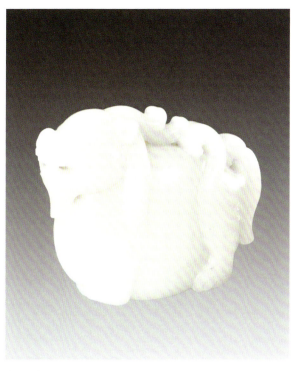

白玉天禄

年　　代：清乾隆时期
尺　　寸：长 8.3 厘米
拍卖时间：天津文物 2004 年 6 月 23 日　第 305 号
估　　价：RMB 120,000
成 交 价：RMB 385,000

墨玉卧凤

年　　代：清代
尺　　寸：长 7.6 厘米
拍卖时间：天津文物 2004 年 6 月 23 日　第 376 号
估　　价：RMB 40,000
成 交 价：RMB 44,000

碧玉花卉纹刀柄

年　　代：清乾隆时期
尺　　寸：长 14.8 厘米
拍卖时间：天津文物 2004 年 6 月 23 日　第 341 号
估　　价：RMB 20,000
成 交 价：RMB 28,600

翡翠雕童子耳丰年富甲炉

年　　代：清代
尺　　寸：长 16 厘米
拍卖时间：天津文物 2004 年 6 月 23 日　第 421 号
估　　价：RMB 580,000
成 交 价：RMB 638,000

黑斑灰青玉水牛

年　　代：清晚期

尺　　寸：长 36.5 厘米

拍卖时间：伦敦苏富比 2004 年 6 月 9 日　第 151 号

估　　价：GBP 300,000 ~ 500,000

成 交 价：GBP 532,000

白玉福禄寿纹通身如意

年　　代：清代

尺　　寸：长 41.5 厘米

拍卖时间：天津文物 2004 年 6 月 23 日　第 221 号

估　　价：RMB 120,000

成 交 价：RMB 209,000

白玉雕兽耳衔环纹链瓶

年　　代：清代

尺　　寸：高 27.5 厘米

拍卖时间：天津文物 2006 年 6 月 23 日　第 1025 号

估　　价：RMB 250,000

成 交 价：RMB 286,000

翡翠雕螭纹龙首带钩
年　　代：清代
尺　　寸：长 8 厘米
拍卖时间：天津文物 2006 年 6 月 23 日　第 1049 号
估　　价：RMB 40,000
成 交 价：RMB 57,200

白玉雕太平有象摆件
年　　代：清代
尺　　寸：高 21 厘米
拍卖时间：天津文物 2006 年 6 月 23 日　第 1031 号
估　　价：RMB 700,000
成 交 价：RMB 792,000

白玉留皮雕渔翁佩
年　　代：清代
尺　　寸：高 6.6 厘米
拍卖时间：天津文物 2006 年 6 月 23 日　第 1026 号
估　　价：RMB 20,000
成 交 价：RMB 79,200

青白玉雕龙钮玺印

年　　代：清光绪时期
尺　　寸：长 9.5 厘米
拍卖时间：天津文物 2006 年 6 月 23 日　第 997 号
估　　价：RMB 250,000
成 交 价：RMB 275,000

黄玉雕龙形环

年　　代：清代
尺　　寸：直径 10 厘米
拍卖时间：天津文物 2006 年 6 月 23 日
　　　　　第 1005 号
估　　价：RMB 30,000
成 交 价：RMB 126,000

墨玉碗

年　　代：清乾隆时期
尺　　寸：直径 15.4 厘米
拍卖时间：北京翰海 2004 年 1 月 12 日　第 1946 号
估　　价：RMB 50,000 ~ 60,000
成 交 价：RMB 143,000

白玉雕蟠螭纹环

年　　代：清代
尺　　寸：直径 5.5 厘米
拍卖时间：天津文物 2006 年 6 月 23 日
　　　　　第 976 号
估　　价：RMB 45,000
成 交 价：RMB 121,000

白玉蕃作雕花卉纹笔洗

年　　代：清代
尺　　寸：耳径 16 厘米
拍卖时间：天津文物 2006 年 6 月 23 日 第 977 号
估　　价：RMB 380,000
成 交 价：RMB 660,000

白玉佛手

年　　代：清代
尺　　寸：长 9.5 厘米
拍卖时间：天津文物 2004 年 6 月 23 日
　　　　　第 209 号
估　　价：RMB 48,000
成 交 价：RMB 88,000

火烧玉雕御制诗菊石纹笔筒

年　　代：清代

尺　　寸：直径 14.5 厘米

拍卖时间：天津文物 2006 年 6 月 23 日
　　　　　第 1040 号

估　　价：RMB 250,000

成 交 价：RMB 275,000

白玉雕花卉纹象耳笔洗

年　　代：清代

尺　　寸：长 18.3 厘米

拍卖时间：天津文物 2005 年 6 月 13 日　第 629 号

估　　价：RMB 80,000

成 交 价：RMB 242,000

玛瑙雕花卉纹笔洗

年　　代：清代

尺　　寸：直径 5.7 厘米

拍卖时间：天津文物 2004 年 06 月 24 日
　　　　　第 697 号

估　　价：RMB 3,000

成 交 价：RMB 3,300

白玉雕兽面纹单柄杯

年　　代：清代

尺　　寸：长 15 厘米

拍卖时间：天津文物 2005 年 6 月 13 日　第 647 号

估　　价：RMB 20,000

成 交 价：RMB 44,000

白玉茶壶

年　　代：清乾隆时期

尺　　寸：长 19 厘米

拍卖时间：苏富比 2004 年 10 月 31 日
　　　　　第 233 号

估　　价：HKD 5,000,000 ~ 7,000,000

成 交 价：HKD 6,782,400

黄玉雕双龙戏珠纹墨床

年　　代：清代

尺　　寸：长 11.6 厘米

拍卖时间：天津文物　2004 年 6 月 24 日　第 705 号

估　　价：RMB 12,000

成 交 价：RMB 13,200

白玉雕松山高士笔筒
年　　代：清代
尺　　寸：直径9厘米
拍卖时间：天津文物 2004 年 6 月 24 日 第 741 号
估　　价：RMB 36,000
成 交 价：RMB 104,500

白玉坐佛
年　　代：清乾隆时期
尺　　寸：高 18.3 厘米
拍卖时间：北京翰海 2004 年 11 月 22 日 第 2218 号
估　　价：RMB 2,800,000 ~ 3,800,000
成 交 价：RMB 4,950,000

碧玉雕盖炉
年　　代：19/20 世纪
尺　　寸：高 28 厘米
拍卖时间：纽约佳士得 2004 年 9 月 21 日 第 116 号
估　　价：USD 80,000 ~ 120,000
成 交 价：USD 298,700

黄玉出戟螭龙瓶
款　　识："乾隆年制"款
年　　代：清乾隆时期
尺　　寸：高 18.3 厘米
拍卖时间：北京翰海 2004 年 6 月 28 日 第 1522 号
估　　价：RMB 1,500,000 ~ 2,500,000
成 交 价：RMB 4,840,000

青白玉雕仿青铜器兽耳抱月瓶

年　　代：清代

尺　　寸：高 22.5 厘米

拍卖时间：天津文物 2006 年 6 月 23 日　第 1016 号

估　　价：RMB 500,000

成 交 价：RMB 550,000

碧玉雕山水人物纹插屏

年　　代：清代

尺　　寸：高 38.5 厘米

拍卖时间：天津文物 2006 年 6 月 23 日　第 1063 号

估　　价：RMB 250,000

成 交 价：RMB 275,000

白玉雕兽面纹龙耳太极钮三足炉

年　　代：清乾隆

尺　　寸：耳径 18.5 厘米

拍卖时间：天津文物 2005 年 6 月 13 日　第 569 号

估　　价：无底价

成 交 价：RMB 3,850,000

白玉胡人戏宝摆件

年　　代：清代

尺　　寸：高 8 厘米

拍卖时间：天津文物 2005 年 6 月 13 日　第 511 号

估　　价：RMB 80,000

成 交 价：RMB 104,500

白玉雕六合同春山子
年　　代：清代
尺　　寸：长 15.2 厘米
拍卖时间：天津文物 2005 年 6 月 13 日
　　　　　第 591 号
估　　价：RMB 200,000
成 交 价：RMB 220,000

白玉雕太狮少狮摆件
年　　代：清代
尺　　寸：长 18.5 厘米
拍卖时间：天津文物 2005 年 6 月 13 日
　　　　　第 585 号
估　　价：RMB 800,000
成 交 价：RMB 1,650,000

黑白玉巧雕雀含桃
年　　代：清中期
尺　　寸：长 8 厘米
拍卖时间：北京翰海 2005 年 12 月 12 日
　　　　　第 2426 号
估　　价：RMB 30,000 ~ 50,000
成 交 价：RMB 49,500

白玉雕万年青通身如意
年　　代：清代
尺　　寸：长 35.5 厘米
拍卖时间：天津文物 2005 年 6 月 13 日
　　　　　第 567 号
估　　价：RMB 100,000
成 交 价：RMB 418,000

黑白玉巧雕子母双马
年　　代：清代
尺　　寸：长 7.9 厘米
拍卖时间：北京翰海 2005 年 12 月 12 日
　　　　　第 2421 号
估　　价：RMB 8,000 ~ 10,000
成 交 价：RMB 8,800

白玉双猴坠

年　　代：清代

尺　　寸：高 3.5 厘米

拍卖时间：北京翰海 2005 年 12 月 12 日

　　　　　第 2414 号

估　　价：RMB 8,000 ~ 10,000

成 交 价：RMB 27,500

白玉宝鸭穿莲

年　　代：清代

尺　　寸：长 4.5 厘米

拍卖时间：北京翰海 2005 年 12 月 12 日

　　　　　第 2416 号

估　　价：RMB 15,000 ~ 18,000

成 交 价：RMB 27,000

白玉三羊

年　　代：清中期

尺　　寸：长 5 厘米

拍卖时间：北京翰海 2005 年 12 月 12 日

　　　　　第 2421 号

估　　价：RMB 20,000 ~ 30,000

成 交 价：RMB 33,000

白玉双耳盌

年　　代：清中期

尺　　寸：直径 13 厘米

拍卖时间：北京翰海 2005 年 12 月 12 日

　　　　　第 2431 号

估　　价：RMB 60,000 ~ 80,000

成 交 价：RMB 88,000

黄玉留皮雕双龙戏珠纹手镯

年　　代：清代

尺　　寸：直径 8.6 厘米

拍卖时间：天津文物 2005 年 6 月 13 日

　　　　　第 667 号

估　　价：RMB 28,000

成 交 价：RMB 44,000

碧玉大婚碗
年　　代：清中期
尺　　寸：直径 16 厘米
拍卖时间：北京翰海 2005 年 12 月 12 日
　　　　　第 2432 号
估　　价：RMB 100,000 ~ 120,000
成 交 价：RMB 143,000

白玉山居图插屏
年　　代：清代
尺　　寸：长 18.6 厘米
拍卖时间：嘉德 2001 年 6 月 19 ~ 20 日　第 3910 号
成 交 价：RMB 35,840

碧玉雕云龙大洗
年　　代：清乾隆时期
尺　　寸：高 9.5 厘米
拍卖时间：北京翰海 2005 年 12 月 12 日
　　　　　第 2451 号
估　　价：RMB 200,000 ~ 300,000
成 交 价：RMB 385,000

白玉凤穿花带扣
年　　代：清中期
尺　　寸：长 13.8 厘米
拍卖时间：北京翰海 2005 年 12 月 12 日　第 2434 号
估　　价：RMB 30,000 ~ 50,000
成 交 价：RMB 33,000

青玉大山子
年　　代：清中期
尺　　寸：高 27 厘米
拍卖时间：北京翰海 2005 年 12 月 12 日
　　　　　第 2459 号
估　　价：RMB 200,000 ~ 300,000
成 交 价：RMB 330,000

白玉刻花卉诗文佩

年　　代：清代

尺　　寸：高 5.7 厘米

拍卖时间：北京翰海 2005 年 12 月 12 日
　　　　　　第 2455 号

估　　价：RMB 40,000 ~ 60,000

成 交 价：RMB 44,000

墨玉雕人物故事纹水盂

年　　代：清代

尺　　寸：直径 7.5 厘米

拍卖时间：天津文物 2005 年 6 月 13 日
　　　　　　第 632 号

估　　价：RMB 10,000

成 交 价：RMB 11,000

白玉菱角坠

年　　代：清中期

尺　　寸：长 6 厘米

拍卖时间：北京翰海 2006 年 7 月 30 日
　　　　　　第 910 号

估　　价：RMB 30,000 ~ 50,000

成 交 价：RMB 33,000

白玉雕万国来朝图插屏

年　　代：清乾隆时期

尺　　寸：高 20 厘米

拍卖时间：北京翰海 2005 年 12 月 12 日　第 2460 号

估　　价：RMB 250,000 ~ 300,000

成 交 价：RMB 418,000

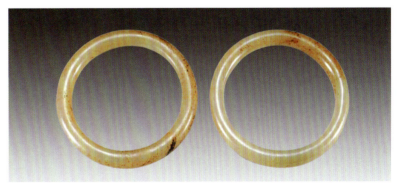

白玉沁色素手环（一对）

年　　代：清代

尺　　寸：内径 5.7 厘米

拍卖时间：北京翰海　2005 年 12 月 12 日　第 2497 号

估　　价：RMB 15,000 ~ 20,000

成 交 价：RMB 22,000

白玉刻御题诗扳指
年　　代：清乾隆时期
尺　　寸：内径 2.3 厘米
拍卖时间：北京翰海 2005 年 12 月 12 日
　　　　　第 2487 号
估　　价：RMB 60,000 ~ 80,000
成 交 价：RMB 275,000

白玉镂雕太狮少狮扳指
年　　代：清中期
尺　　寸：内径 2.2 厘米
拍卖时间：北京翰海 2005 年 12 月 12 日
　　　　　第 2490 号
估　　价：RMB 12,000 ~ 15,000
成 交 价：RMB 35,000

青金石刻牡丹花御题诗文扳指
年　　代：清代
尺　　寸：内径 2 厘米
拍卖时间：北京翰海 2005 年 12 月 12 日
　　　　　第 2491 号
估　　价：RMB 60,000 ~ 80,000
成 交 价：RMB 110,000

白玉坐佛
年　　代：清代
尺　　寸：高 6 厘米
拍卖时间：北京翰海 2005 年 12 月 12 日　第 2462 号
估　　价：RMB 30,000 ~ 50,000
成 交 价：RMB 33,000

青白玉人物件
年　　代：清代
尺　　寸：高 10.7 厘米
拍卖时间：北京翰海 2005 年 12 月 12 日　第 2468 号
估　　价：RMB 40,000 ~ 60,000
成 交 价：RMB 44,000

白玉盘

年　　代：清乾隆时期

尺　　寸：直径 18.2 厘米

拍卖时间：北京翰海 2005 年 12 月 12 日
　　　　　第 2502 号

估　　价：RMB 100,000 ~ 120,000

成 交 价：RMB 165,000

玉双猴献寿摆件

年　　代：清中期

尺　　寸：长 6 厘米

拍卖时间：北京翰海 2006 年 7 月 30 日
　　　　　第 901 号

估　　价：RMB 30,000 ~ 50,000

成 交 价：RMB 55,000

白玉年年有余佩

年　　代：清中期

尺　　寸：高 4.5 厘米

拍卖时间：北京翰海 2006 年 12 月 18 日
　　　　　第 1801 号

估　　价：RMB 6,000 ~ 8,000

成 交 价：RMB 77,000

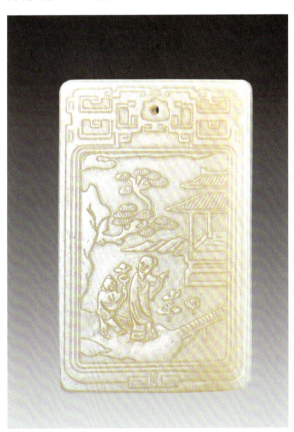

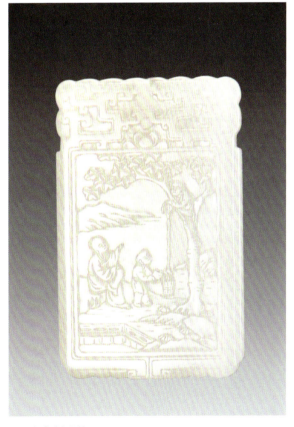

黄玉雕老人童子子冈佩

年　　代：清代

尺　　寸：高 5.7 厘米拍卖时间：北京
　　　　　翰海 2005 年 12 月 12 日　第 2454 号

估　　价：RMB 20,000 ~ 30,000

成 交 价：RMB 35,200

白玉水洗清桐图佩

年　　代：清初

尺　　寸：高 5.7 厘米

拍卖时间：北京翰海 2005 年 12 月 12 日　第 2452 号

估　　价：RMB 600,000 ~ 80,000

成 交 价：RMB 385,000

白玉执荷童子
年　　代：清中期
尺　　寸：高 9.3 厘米
拍卖时间：北京翰海 2006 年 12 月 18 日
　　　　　第 1811 号
估　　价：RMB 20,000 ~ 30,000
成 交 价：RMB 27,000

银镶玉宝石手镜
年　　代：清中期
尺　　寸：长 24.5 厘米
拍卖时间：北京翰海 2006 年 7 月 30 日　第 956 号
估　　价：RMB 20,000 ~ 30,000
成 交 价：RMB 33,000

玉俏色春水炉顶
年　　代：清代
尺　　寸：高 5.2 厘米
拍卖时间：北京翰海 2006 年 12 月 18 日
　　　　　第 1815 号
估　　价：RMB 30,000 ~ 50,000
成 交 价：RMB 115,000

白玉洒金梅寿佩
年　　代：清中期
尺　　寸：高 7 厘米
拍卖时间：北京翰海 2006 年 12 月 18 日
　　　　　第 1818 号
估　　价：RMB 40,000 ~ 60,000
成 交 价：RMB 44,000

白玉福寿佩
年　　代：清中期
尺　　寸：高 5.8 厘米
拍卖时间：北京翰海 2006 年 12 月 18 日
　　　　　第 1822 号
估　　价：RMB 28,000 ~ 38,000
成 交 价：RMB 44,000

青白玉雕十二辰

年　　代：清中期

尺　　寸：高 5.5 厘米

拍卖时间：北京翰海 2006 年 12 月 18 日　第 1839 号

估　　价：RMB 900,000 ~ 1,200,000

成 交 价：RMB 1,012,000

白玉文姬思乡佩

年　　代：清中期

尺　　寸：高 6.1 厘米

拍卖时间：北京翰海 2006 年 12 月 18 日　第 1824 号

估　　价：RMB 40,000～60,000

成 交 价：RMB 85,000

白玉再来花甲佩

年　　代：清中期

尺　　寸：高 5.8 厘米

拍卖时间：北京翰海 2006 年 12 月 18 日　第 1825 号

估　　价：RMB 100,000～150,000

成 交 价：RMB 126,500

白玉福禄永昌佩

年　　代：清中期

尺　　寸：高 7 厘米

拍卖时间：北京翰海 2006 年 12 月 18 日　第 1827 号

估　　价：RMB 60,000～80,000

成 交 价：RMB 66,000

白玉双喜临门佩

年　　代：清中期

尺　　寸：高 6.1 厘米

拍卖时间：北京翰海 2006 年 12 月 18 日　第 1834 号

估　　价：RMB 120,000～160,000

成 交 价：RMB 214,500

白玉百事如意佩

年　　代：清中期

尺　　寸：高6厘米

拍卖时间：北京翰海 2006 年 12 月 18 日　第 1835 号

估　　价：RMB 100,000 ~ 150,000

成 交 价：RMB 214,000

白玉西江宝树佩

年　　代：清中期

尺　　寸：高 7.5 厘米

拍卖时间：北京翰海 2006 年 12 月 18 日　第 1836 号

估　　价：RMB 120,000 ~ 160,000

成 交 价：RMB 132,000

白玉鱼跃龙门带饰

年　　代：清中期

尺　　寸：高 6.3 厘米

拍卖时间：北京翰海 2006 年 12 月 18 日　第 1837 号

估　　价：RMB 30,000 ~ 50,000

成 交 价：RMB 101,000

白玉佛祖坐像

年　　代：清代

尺　　寸：长 19.5 厘米

拍卖时间：北京翰海 2006 年 12 月 18 日　第 1840 号

估　　价：RMB 1,000,000 ~ 1,500,000

成 交 价：RMB 1,595,000

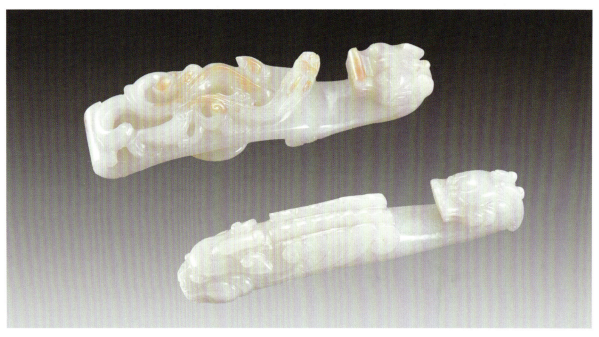

白玉螭龙带钩（二件）

年　　代：清中期

尺　　寸：长 10.3 厘米

拍卖时间：北京翰海 2006 年 12 月 18 日　第 1841 号

估　　价：RMB 15,000 ～ 25,000

成 交 价：RMB 74,000

白玉山水人物摆件

年　　代：清中期

尺　　寸：高 11 厘米

拍卖时间：北京翰海 2006 年 12 月 18 日　第 1854 号

估　　价：RMB 200,000 ～ 300,000

成 交 价：RMB 396,000

玉龙凤祥云觚

年　　代：清中期

尺　　寸：高 24 厘米

拍卖时间：北京翰海 2006 年 12 月 18 日　第 1855 号

估　　价：RMB 850,000 ～ 1,200,000

成 交 价：RMB 880,000

白玉福寿花口洗

年　　代：清中期

尺　　寸：直径15.3厘米

拍卖时间：北京翰海 2006 年 12 月 18 日　第 1863 号

估　　价：RMB 300,000 ~ 400,000

成 交 价：RMB 682,000

玉兽面纹双耳瓶

年　　代：清中期

尺　　寸：高 27.6 厘米

拍卖时间：北京翰海 2006 年 12 月 18 日　第 1859 号

估　　价：RMB 80,000 ~ 120,000

成 交 价：RMB 341,000

玉描金龙纹花卉碗

年　　代：清乾隆时期

尺　　寸：直径 10.5 厘米

拍卖时间：北京翰海 2006 年 12 月 18 日　第 1866 号

估　　价：RMB 100,000 ~ 150,000

成 交 价：RMB 110,000

碧玉兽面纹扳指
年　　代：清中期
尺　　寸：内径 2 厘米
拍卖时间：北京翰海 2006 年 12 月 18 日
　　　　　第 1845 号
估　　价：RMB 4,000 ~ 6,000
成 交 价：RMB 66,000

白玉满文扳指
年　　代：清中期
尺　　寸：内径 2 厘米
拍卖时间：北京翰海 2006 年 12 月 18 日
　　　　　第 1847 号
估　　价：RMB 8,000 ~ 12,000
成 交 价：RMB 63,800

白玉佛
年　　代：清中期
尺　　寸：高 3 厘米
拍卖时间：北京翰海 2006 年 12 月 18 日
　　　　　第 1850 号
估　　价：RMB 60,000 ~ 80,000
成 交 价：RMB 66,000

白玉山水人物插屏（二件）
年　　代：清中期
尺　　寸：直径 13.8 厘米
拍卖时间：北京翰海 2006 年 12 月 18 日　第 1852 号
估　　价：RMB 200,000 ~ 300,000
成 交 价：RMB 220,000

玉兽面纹双耳炉
年　　代：清中期
尺　　寸：高 11 厘米
拍卖时间：北京翰海 2006 年 12 月 18 日
　　　　　第 1858 号
估　　价：RMB 180,000 ~ 250,000
成 交 价：RMB 187,000

白玉瓜形水洗
年　　代：清中期
尺　　寸：长 11.8 厘米
拍卖时间：北京翰海 2006 年 12 月 18 日
　　　　　第 1861 号
估　　价：RMB 80,000 ~ 120,000
成 交 价：RMB 88,000

白玉连年有余坠

年　　代：清中期

尺　　寸：长6厘米

拍卖时间：北京翰海2007年6月25日
　　　　　第1829号

估　　价：RMB 30,000 ~ 50,000

成 交 价：RMB 58,240

白玉蔬果坠

年　　代：清中期

尺　　寸：高6.6厘米

拍卖时间：北京翰海2007年6月25日
　　　　　第1826号

估　　价：RMB 40,000 ~ 60,000

成 交 价：RMB 67,200

黄玉葫芦坠

年　　代：清中期

尺　　寸：高7.2厘米

拍卖时间：北京翰海2007年6月25日
　　　　　第1827号

估　　价：RMB 30,000 ~ 50,000

成 交 价：RMB 61,600

白玉碗

年　　代：清中期

尺　　寸：直径14.8厘米

拍卖时间：北京翰海2007年6月25日
　　　　　第1863号

估　　价：RMB 180,000 ~ 280,000

成 交 价：RMB 201,000

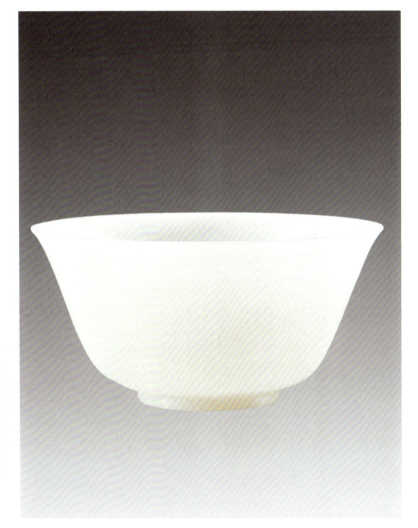

白玉雕婴戏纹佩

年　　代：清代

尺　　寸：高5.7厘米

拍卖时间：北京荣宝2007年12月9日
　　　　　第850号

估　　价：RMB 30,000 ~ 50,000

成 交 价：RMB 33,600

白玉碗

年　　代：清乾隆时期

尺　　寸：直径12.3厘米

拍卖时间：北京翰海2006年12月18日　　第1864号

估　　价：RMB 350,000 ~ 450,000

成 交 价：RMB 365,000

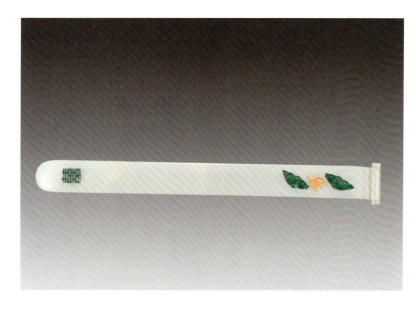

白玉镶翠双鱼喜字扁方

年　　代：清中期
尺　　寸：长 29 厘米
拍卖时间：北京翰海 2006 年 12 月 18 日
　　　　　第 1867 号
估　　价：RMB 100,000 ~ 150,000
成 交 价：RMB 110,000

碧玉西番莲双耳炉

年　　代：清乾隆时期
尺　　寸：高 10.5 厘米
拍卖时间：北京翰海 2007 年 6 月 25 日
　　　　　第 1856 号
估　　价：RMB 80,000 ~ 120,000
成 交 价：RMB 224,000

白玉二乔共读诗文佩

年　　代：清中期
尺　　寸：高 5.7 厘米
拍卖时间：北京翰海 2007 年 6 月 25 日
　　　　　第 1840 号
估　　价：RMB 150,000 ~ 220,000
成 交 价：RMB 168,000

白玉载来花甲佩

年　　代：清中期
尺　　寸：高 7.3 厘米
拍卖时间：北京翰海 2007 年 6 月 25 日
　　　　　第 1848 号
估　　价：RMB 80,000 ~ 120,000
成 交 价：RMB 156,800

白玉太狮少狮

年　　代：清中期
尺　　寸：高 5.2 厘米
拍卖时间：北京翰海 2007 年 6 月 25 日
　　　　　第 1816 号
估　　价：RMB 80,000 ~ 100,000
成 交 价：RMB 89,600

白玉螭龙带钩

年　　代：清中期

尺　　寸：长 12 厘米

拍卖时间：北京翰海 2007 年 6 月 25 日
　　　　　第 1872 号

估　　价：RMB 18,000 ~ 28,000

成 交 价：RMB 67,200

白玉盘（二件）

年　　代：清中期

尺　　寸：直径 20.8 厘米

拍卖时间：北京翰海 2007 年 6 月 25 日
　　　　　第 1864 号

估　　价：RMB 200,000 ~ 300,000

成 交 价：RMB 224,000

青玉高足碗

年　　代：清乾隆

尺　　寸：高 11 厘米

拍卖时间：北京翰海 2007 年 6 月 25 日
　　　　　第 1867 号

估　　价：RMB 60,000 ~ 80,000

成 交 价：RMB 89,600

白玉藕节手镯

年　　代：清中期

尺　　寸：直径 5.2 厘米

拍卖时间：北京翰海 2007 年 6 月 25 日
　　　　　第 1884 号

估　　价：RMB 30,000 ~ 40,000

成 交 价：RMB 42,560

白玉花卉海棠式洗

年　　代：清中期

尺　　寸：长 13 厘米

拍卖时间：北京翰海 2007 年 6 月 25 日
　　　　　第 1898 号

估　　价：RMB 150,000 ~ 250,000

成 交 价：RMB 156,000

玉山水人物笔筒
年　　代：清代
尺　　寸：高 15.8 厘米
拍卖时间：北京翰海 2007 年 6 月 25 日
　　　　　　第 1900 号
估　　价：RMB 80,000 ~ 120,000
成 交 价：RMB 224,000

白玉人物诗文山子
年　　代：清乾隆时期
尺　　寸：高 22 厘米
拍卖时间：北京翰海 2007 年 6 月 25 日　第 1903 号
估　　价：RMB 3,000,000 ~ 4,000,000
成 交 价：RMB 3,136,000

白玉龙凤佩
年　　代：清中期
尺　　寸：高 8.5 厘米
拍卖时间：北京翰海 2007 年 6 月 25 日
　　　　　　第 1943 号
估　　价：RMB 55,000 ~ 75,000
成 交 价：RMB 123,200

黄玉瑞兽御铭诗文砚
年　　代：清代
尺　　寸：长 8.8 厘米
拍卖时间：北京翰海 2007 年 6 月 25 日
　　　　　　第 1913 号
估　　价：RMB 35,000 ~ 50,000
成 交 价：RMB 68,320

白玉卧马
年　　代：清中期
尺　　寸：高 4.8 厘米
拍卖时间：北京翰海 2007 年 6 月 25 日
　　　　　　第 1811 号
估　　价：RMB 60,000 ~ 80,000
成 交 价：RMB 67,200

白玉龟
年　　代：清中期
尺　　寸：高 4.5 厘米
拍卖时间：北京翰海 2007 年 6 月 25 日
　　　　　　第 1808 号
估　　价：RMB 60,000 ~ 80,000
成 交 价：RMB 67,200

白玉方盒

年　　代：清中期
尺　　寸：12.8 厘米 ×12.8 厘米
拍卖时间：北京翰海 2007 年 6 月 25 日
　　　　　第 1910 号
估　　价：RMB 100,000 ~ 150,000
成 交 价：RMB 448,000

碧玉莲花洗

年　　代：清中期
尺　　寸：直径 12.3 厘米
拍卖时间：北京翰海 2007 年 6 月 25 日
　　　　　第 1911 号
估　　价：RMB 120,000 ~ 160,000
成 交 价：RMB 134,400

白玉双耳瓶

年　　代：清中期
尺　　寸：高 27 厘米
拍卖时间：北京翰海 2007 年 6 月 25 日 第 1917 号
估　　价：RMB 3,500,000 ~ 4,500,000
成 交 价：RMB 3,920,000

白玉福字佩

年　　代：清中期
尺　　寸：高 6.3 厘米
拍卖时间：北京翰海 2007 年 6 月 25 日
　　　　　第 1949 号
估　　价：RMB 50,000 ~ 70,000
成 交 价：RMB 128,000

白玉人物御题诗扳指

年　　代：清乾隆时期
尺　　寸：内径 2 厘米
拍卖时间：北京翰海 2007 年 6 月 25 日
　　　　　第 1954 号
估　　价：RMB 50,000 ~ 70,000
成 交 价：RMB 336,000

白玉独占鳌头

年　　代：清中期
尺　　寸：高 4.3 厘米
拍卖时间：北京翰海 2007 年 6 月 25 日
　　　　　第 1805 号
估　　价：RMB 55,000 ~ 65,000
成 交 价：RMB 58,240

玉卧牛
年　　代：明代
尺　　寸：长 15.2 厘米
拍卖时间：北京翰海 2007 年 6 月 25 日
　　　　　第 1854 号
估　　价：RMB 60,000 ~ 80,000
成 交 价：RMB 694,400

白玉留皮雕神兽献瑞摆件
年　　代：清代
尺　　寸：长 6 厘米
拍卖时间：北京荣宝 2007 年 12 月 9 日
　　　　　第 839 号
估　　价：RMB 40,000 ~ 60,000
成 交 价：RMB 44,800

白玉雕鹤鹿同春山子
年　　代：清代
尺　　寸：高 9.5 厘米
拍卖时间：北京荣宝 2007 年 12 月 9 日
　　　　　第 862 号
估　　价：RMB 50,000 ~ 80,000
成 交 价：RMB 56,000

青白玉籽料雕鹅摆件
年　　代：清中期
尺　　寸：长 6 厘米
拍卖时间：北京荣宝 2007 年 12 月 9 日
　　　　　第 841 号
估　　价：RMB 40,000 ~ 60,000
成 交 价：RMB 44,800

玉洒金福在眼前
年　　代：清代
尺　　寸：直径 2.7 厘米
拍卖时间：北京翰海 2008 年 1 月 13 日
　　　　　第 2001 号
估　　价：RMB 5,000
成 交 价：RMB 16,800

水晶雕喜上眉梢笔洗
年　　代：清乾隆时期
尺　　寸：10 厘米
拍卖时间：北京荣宝 2007 年 12 月 9 日
　　　　　第 877 号
估　　价：RMB 25,000 ~ 35,000

白玉卧虎
年　　代：清代
尺　　寸：长 8.5 厘米
拍卖时间：北京翰海
　　　　　2008 年 1 月 13 日
　　　　　第 2038 号
估　　价：RMB 60,000
成 交 价：RMB 67,200

翡翠雕飞天仙女摆件（一对）

年　　代：清末

尺　　寸：不等

拍卖时间：北京荣宝 2007 年 12 月 9 日
　　　　　　第 851 号

估　　价：RMB 150,000 ~ 250,000

成 交 价：RMB 201,600

玉洒金葫芦

年　　代：清代

尺　　寸：高 6.5 厘米

拍卖时间：北京翰海 2008 年 1 月 13 日
　　　　　　第 2053 号

估　　价：RMB 20,000

成 交 价：RMB 33,600

白玉洒金瓜蝶连棉坠

年　　代：清代

尺　　寸：高 5.5 厘米

拍卖时间：北京翰海 2008 年 1 月 13 日
　　　　　　第 2088 号

估　　价：RMB 6,000

成 交 价：RMB 78,400

玉人

年　　代：清代

尺　　寸：长 5.5 厘米

拍卖时间：北京翰海 2008 年 1 月 13 日
　　　　　　第 2025 号

估　　价：RMB 15,000

成 交 价：RMB 16,800

玉三羊开泰摆件

年　　代：清代

尺　　寸：长 8 厘米

拍卖时间：北京翰海 2008 年 1 月 13 日
　　　　　　第 2073 号

估　　价：RMB 26,000

成 交 价：RMB 29,120

白玉坠（二件）

年　　代：清代

尺　　寸：不详

拍卖时间：北京翰海 2008 年 1 月 13 日
　　　　　　第 2183 号

估　　价：RMB 10,000

成 交 价：RMB 11,200

白玉鼓坠（五件）

年　　代：清代

尺　　寸：不等

拍卖时间：北京翰海 2008 年 1 月 13 日
　　　　　　第 2193 号

估　　价：RMB 15,000

成 交 价：RMB 24,640

玉丽金坠（四件）

年　　代：清代

尺　　寸：不等

拍卖时间：北京翰海 2008 年 1 月 13 日　第 2195 号

估　　价：RMB 28,000

成 交 价：RMB 31,360

黄玉兽面纹管型勒子

年　　代：清代

尺　　寸：高 4.5 厘米

拍卖时间：北京翰海 2008 年 1 月 13 日
　　　　　　第 2210 号

估　　价：RMB 20,000

成 交 价：RMB 22,400

白玉灵芝天禄

年　　代：清乾隆时期

尺　　寸：长 9.6 厘米

拍卖时间：嘉德 2008 年 4 月 27 日　第 1843 号

估　　价：RMB 500,000 ~ 800,000

成 交 价：RMB 560,000

白玉马上封侯

年　　代：清代

尺　　寸：长 4 厘米

拍卖时间：嘉德 2008 年 4 月 27 日
　　　　　　第 1815 号

估　　价：RMB 50,000 ~ 70,000

成 交 价：RMB 69,440

白玉天鸡祝寿

年　　代：清乾隆时期

尺　　寸：长 7.2 厘米

拍卖时间：嘉德 2008 年 4 月 27 日　　第 1837 号

估　　价：RMB 400,000 ~ 600,000

成 交 价：RMB 448,000

白玉松鼠

年　　代：清代

尺　　寸：长 4.9 厘米

拍卖时间：嘉德 2008 年 4 月 27 日
　　　　　　第 1816 号

估　　价：RMB 150,000 ~ 200,000

成 交 价：RMB 224,000

白玉雕莲藕印盒

年　　代：清乾隆时期

尺　　寸：直径 5.6 厘米

拍卖时间：北京翰海 2008 年 5 月 11 日
　　　　　第 1906 号

估　　价：RMB 100,000 ~ 120,000

成 交 价：RMB 179,200

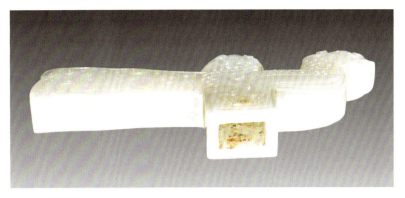

白玉龙纹鸠杖首

年　　代：清乾隆时期

尺　　寸：长 12 厘米

拍卖时间：北京保利 2008 年 5 月 30 日　第 2105 号

估　　价：RMB 800,000 ~ 1,200,000

成 交 价：RMB 896,000

白玉雕凰首水注

年　　代：清中期

尺　　寸：高 9.4 厘米

拍卖时间：北京翰海 2008 年 5 月 11 日
　　　　　第 1913 号

估　　价：RMB 160,000 ~ 200,000

成 交 价：RMB 179,200

白玉御制老少年诗翎管

年　　代：清乾隆时期

尺　　寸：长 6.5 厘米

拍卖时间：北京保利 2008 年 5 月 30 日　第 2104 号

估　　价：RMB 180,000 ~ 250,000

成 交 价：RMB 201,600

白玉满文扳指

年　　代：清乾隆时期

尺　　寸：直径 1.8 厘米

拍卖时间：北京翰海 2008 年 5 月 11 日
　　　　　第 1971 号

估　　价：RMB 180,000 ~ 220,000

成 交 价：RMB 246,400

白玉灵芝双鹿

年　　代：清乾隆时期

尺　　寸：长 11.2 厘米

拍卖时间：嘉德 2008 年 4 月 27 日　第 1844 号

估　　价：RMB 500,000 ~ 800,000

成 交 价：RMB 560,000

白玉御题诗环
年　　代：清乾隆时期
尺　　寸：直径 7.6 厘米
拍卖时间：北京保利 2008 年 5 月 30 日
　　　　　第 2102 号
估　　价：RMB 100,000 ~ 200,000
成 交 价：RMB 235,200

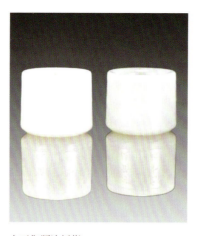

白玉御题诗扳指
年　　代：清乾隆时期
尺　　寸：直径 2.8 厘米
拍卖时间：北京保利 2008 年 5 月 30 日
　　　　　第 2109 号
估　　价：RMB 400,000 ~ 600,000
成 交 价：RMB 616,000

青玉雕玉兰花花插
年　　代：清代
尺　　寸：高 24.1 厘米
拍卖时间：北京翰海 2008 年 5 月 11 日
　　　　　第 1912 号
估　　价：RMB 50,000 ~ 70,000
成 交 价：RMB 201,600

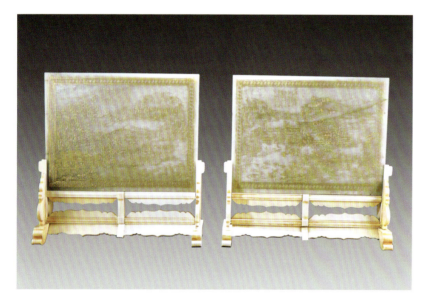

青白玉填金御题诗山水座屏（一对）
年　　代：清乾隆时期
尺　　寸：高 24.5 厘米
拍卖时间：北京保利
　　　　　2008 年 5 月 30 日
　　　　　第 2110 号
估　　价：RMB 3,000,000 ~ 4,000,000
成 交 价：RMB 3,920,000

白玉龙纹御题诗如意
款　　识："臣三宝恭进"款
年　　代：清乾隆时期
尺　　寸：长 41 厘米
拍卖时间：北京保利
　　　　　2008 年 5 月 30 日
　　　　　第 2111 号
估　　价：RMB 1,500,000 ~ 2,500,000
成 交 价：RMB 2,576,000

白玉寿山福海佩

年　　代：清中期

尺　　寸：直径 5.2 厘米

拍卖时间：北京翰海 2008 年 12 月 7 日
　　　　　　第 1477 号

估　　价：RMB 50,000 ～ 70,000

成 交 价：RMB 117,600

白玉印盒

年　　代：清中期

尺　　寸：直径 5 厘米

拍卖时间：北京翰海 2008 年 12 月 7 日
　　　　　　第 1497 号

估　　价：RMB 120,000 ～ 160,000

成 交 价：RMB 134,400

白玉洒金符守水丞

年　　代：清中期

尺　　寸：高 3.7 厘米

拍卖时间：北京翰海 2008 年 12 月 7 日
　　　　　　第 1494 号

估　　价：RMB 300,000 ～ 400,000

成 交 价：RMB 425,000

白玉麒麟三鸠双联炉

年　　代：清代

尺　　寸：高 9 厘米

拍卖时间：北京翰海
　　　　　　2008 年 12 月 7 日
　　　　　　第 1501 号

估　　价：RMB 160,000 ～ 180,000

成 交 价：RMB 179,200

玉兽面双耳炉

年　　代：清中期

尺　　寸：高 10.4 厘米

拍卖时间：北京翰海
　　　　　　2008 年 12 月 7 日
　　　　　　第 1502 号

估　　价：RMB 800,000 ～ 1,000,000

成 交 价：RMB 896,000

玛瑙巧作佩

年　　代：清中期
尺　　寸：高 4.5 厘米
拍卖时间：北京翰海 2008 年 12 月 7 日　第 1425 号
估　　价：RMB 5,000 ~ 8,000
成 交 价：RMB 33,600

玛瑙俏色葡萄洗

年　　代：清中期
尺　　寸：长 16.3 厘米
拍卖时间：北京翰海 2008 年 12 月 7 日　第 1437 号
估　　价：RMB 8,000 ~ 10,000
成 交 价：RMB 44,800

黄玉鳌鱼花插

年　　代：清代
尺　　寸：高 26 厘米
拍卖时间：北京翰海 2008 年 10 月 11 日　第 2231 号
估　　价：RMB 80,000
成 交 价：RMB 89,600

碧玉龙尾觥

年　　代：清中期
尺　　寸：高 11.7 厘米
拍卖时间：北京翰海 2008 年 12 月 7 日　第 1438 号
估　　价：RMB 40,000 ~ 50,000
成 交 价：RMB 145,600

白玉佛手

年　　代：清中期

尺　　寸：长 8.6 厘米

拍卖时间：北京翰海 2008 年 12 月 7 日　第 1444 号

估　　价：RMB 500,000 ~ 700,000

成 交 价：RMB 560,000

白玉辟邪

年　　代：清中期

尺　　寸：长 5 厘米

拍卖时间：北京翰海 2008 年 12 月 7 日　第 1460 号

估　　价：RMB 40,000 ~ 60,000

成 交 价：RMB 104,160

碧玉螭龙福寿合卺杯

年　　代：清代

尺　　寸：高 12.3 厘米

拍卖时间：北京翰海 2008 年 12 月 7 日　第 1439 号

估　　价：RMB 380,000 ~ 450,000

成 交 价：RMB 537,000

白玉荷叶双龟饰件

年　　代：清中期

尺　　寸：9.3 厘米 ×6.5 厘米

拍卖时间：北京翰海 2008 年 12 月 7 日　第 1456 号

估　　价：RMB 35,000 ~ 50,000

成 交 价：RMB 53,760

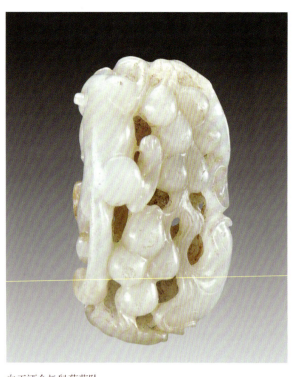

白玉洒金松鼠葡萄坠

年　　代：清代

尺　　寸：高 6.2 厘米

拍卖时间：北京翰海 2008 年 12 月 7 日　第 1468 号

估　　价：RMB 30,000 ～ 40,000

白玉葫芦大吉佩

年　　代：清代

尺　　寸：高 7 厘米

拍卖时间：北京翰海 2008 年 12 月 7 日　第 1469 号

估　　价：RMB 35,000 ～ 45,000

成 交 价：RMB 128,000

白玉进爵佩

年　　代：清代

尺　　寸：高 6 厘米

拍卖时间：北京翰海 2008 年 12 月 7 日　第 1472 号

估　　价：RMB 20,000 ～ 30,000

成 交 价：RMB 324,000

白玉甲子佩

年　　代：清代

尺　　寸：高 6.8 厘米

拍卖时间：北京翰海 2008 年 12 月 7 日　第 1482 号

估　　价：RMB 25,000 ～ 35,000

成 交 价：RMB 112,000

白玉龙凤双耳衔环盖瓶

年　　代：清中期

尺　　寸：高 19.7 厘米

拍卖时间：北京翰海 2008 年 12 月 7 日　第 1507 号

估　　价：RMB 300,000 ~ 350,000

成 交 价：RMB 336,000

白玉兽面纹壁耳衔环狮钮盖瓶

年　　代：清中期

尺　　寸：高 26.3 厘米

拍卖时间：北京翰海 2008 年 12 月 7 日　第 1509 号

估　　价：RMB 150,000 ~ 200,000

成 交 价：RMB 896,000

白玉海棠式四足熏炉

年　　代：清中期

尺　　寸：长 20.8 厘米

拍卖时间：北京翰海 2008 年 12 月 7 日　第 1503 号

估　　价：RMB 900,000 ~ 1,100,000

成 交 价：RMB 1,008,000

白玉童子洗象

年　　代：清中期

尺　　寸：长 13.7 厘米

拍卖时间：北京翰海 2008 年 12 月 7 日　第 1582 号

估　　价：RMB 400,000 ~ 600,000

成 交 价：RMB 448,000

翠手镯

年　　代：清中期

尺　　寸：内直径 5.8 厘米

拍卖时间：北京翰海 2008 年 12 月 7 日　第 1517 号

估　　价：RMB 150,000 ~ 200,000

成 交 价：RMB 179,000

白玉螃蟹

年　　代：清中期

尺　　寸：10.4 厘米 ×8 厘米

拍卖时间：北京翰海 2008 年 12 月 7 日　第 1606 号

估　　价：RMB 180,000 ~ 250,000

成 交 价：RMB 224,000

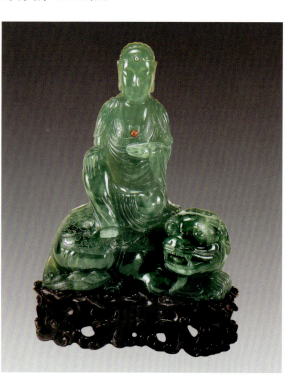

翠雕文殊菩萨

年　　代：清代

尺　　寸：高 18.3 厘米

拍卖时间：北京翰海 2008 年 12 月 7 日　第 1609 号

估　　价：RMB 300,000 ~ 350,000

成 交 价：RMB 560,000

碧玉山水人物插屏

年　　代：清乾隆时期

尺　　寸：高 30.2 厘米

拍卖时间：匡时 2008 年 12 月 8 日　第 958 号

估　　价：RMB 1,500,000 ~ 2,000,000

白玉巧色三羊开泰摆件

年　　代：清乾隆时期

尺　　寸：长 14.5 厘米

拍卖时间：匡时 2008 年 12 月 8 日　第 960 号

估　　价：RMB 1,500,000 ~ 1,800,000

成 交 价：RMB 2,240,000

白玉小龙珍品佩

年　　代：清中期

尺　　寸：高 5.3 厘米

拍卖时间：北京翰海 2009 年 5 月 9 日　第 1417 号

估　　价：RMB 30,000 ~ 50,000

成 交 价：RMB 151,200

翠雕绶带鸟摆件

年　　代：清代

尺　　寸：高 19 厘米

拍卖时间：北京翰海 2008 年 12 月 7 日　第 1610 号

估　　价：RMB 600,000 ~ 700,000

成 交 价：RMB 672,000

白玉云纹勒

年　　代：清代

尺　　寸：高 3.8 厘米

拍卖时间：北京翰海 2008 年 12 月 7 日　第 1675 号

估　　价：RMB 15,000 ~ 20,000

成 交 价：RMB 40,320

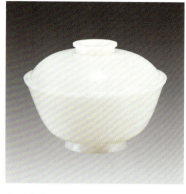

白玉盖碗
年　　代：清乾隆时期
尺　　寸：直径14厘米
拍卖时间：佳士得 2009 年 3 月 18 日至
　　　　　3 月 19 日 匡时 2008
　　　　　第 625 号
估　　价：USD 60,000 ~ 80,000
成 交 价：USD 146,500

白玉龙首觥
年　　代：清乾隆时期
尺　　寸：高 18.5 厘米
拍卖时间：匡时 2008 年 12 月 8 日　第 979 号
估　　价：RMB 3,000,000 ~ 4,000,000
成 交 价：RMB 3,920,000

白玉手镯
年　　代：清中期
尺　　寸：内直径 5.1 厘米
拍卖时间：北京翰海 2009 年 5 月 9 日
　　　　　第 1458 号
估　　价：RMB 10,000 ~ 20,000
成 交 价：RMB 67,200

翠玉雕山水人物图屏
年　　代：清 18 世纪
尺　　寸：高 23.4 厘米
拍卖时间：佳士得
　　　　　2009 年 3 月 18 日 ~ 3 月 19 日
　　　　　第 451 号
估　　价：USD 80,000 ~ 120,000
成 交 价：USD 146,500

白玉刀柄
年　　代：清中期
尺　　寸：高 12.3 厘米
拍卖时间：北京翰海 2009 年 5 月 9 日
　　　　　第 1503 号
估　　价：RMB 60,000 ~ 80,000
成 交 价：RMB 123,200

痕都斯坦玉柄刀
年　　代：清乾隆时期
尺　　寸：长 37.2 厘米
拍卖时间：北京翰海 2009 年 5 月 9 日
　　　　　第 1504 号
估　　价：RMB 350,000 ~ 380,000
成 交 价：RMB 392,000

玉雕山水人物插屏
年　　代：清中期
尺　　寸：高 32.5 厘米
拍卖时间：北京翰海　2009 年 5 月 9 日　第 1500 号
估　　价：RMB 180,000 ~ 220,000
成 交 价：RMB 459,200

白玉碗
年　　代：清乾隆时期
尺　　寸：直径 11.5 厘米
拍卖时间：北京翰海 2009 年 5 月 9 日
　　　　　第 1554 号
估　　价：RMB 80,000 ~ 100,000
成 交 价：RMB 123,200

白玉狮耳衔环三足炉
年　　代：清中期
尺　　寸：高 22.4 厘米
拍卖时间：北京翰海 2009 年 5 月 9 日
　　　　　第 1502 号
估　　价：RMB 1,800,000 ~ 2,200,000
成 交 价：RMB 2,016,000

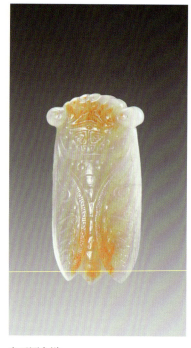

白玉洒金蝉
年　　代：清中期
尺　　寸：高 5.8 厘米
拍卖时间：北京翰海 2009 年 5 月 9 日
　　　　　第 1550 号
估　　价：RMB 30,000 ~ 40,000
成 交 价：RMB 112,000

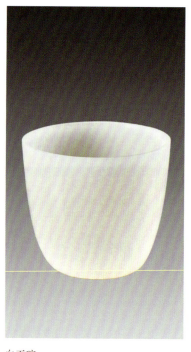

白玉碗
年　　代：清乾隆时期
尺　　寸：直径 11.5 厘米
拍卖时间：北京翰海 2009 年 5 月 9 日
　　　　　第 1553 号
估　　价：RMB 30,000 ~ 40,000
成 交 价：RMB 224,200

痕都斯坦白玉弦纹贯耳长头颈瓶连白玉座
年　　代：清 19 世纪
尺　　寸：18.3 厘米
拍卖时间：苏富比 2009 年 4 月 8 日
　　　　　第 1708 号
估　　价：HKD 400,000 ~ 500,000
成 交 价：HKD 1,340,000

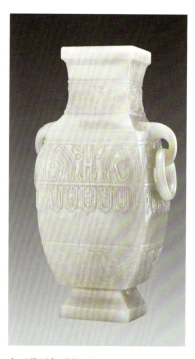

白玉兽面象耳方口瓶
年　　代：清乾隆时期
尺　　寸：高 14.7 厘米
拍卖时间：北京翰海 2009 年 5 月 9 日
　　　　　第 1497 号
估　　价：RMB 220,000 ~ 280,000
成 交 价：RMB 246,400

白玉雕赶珠云龙图双凤耳扁瓶
年　　代：清乾隆时期
尺　　寸：20.4 厘米
拍卖时间：苏富比 2009 年 4 月 8 日
　　　　　第 1700 号
估　　价：HKD 3,000,000 ~ 4,000,000
成 交 价：HKD 4,580,000

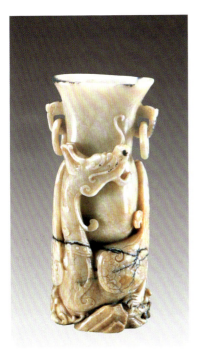

玉雕太平祥瑞花插
年　　代：清乾隆时期
尺　　寸：高 19.3 厘米
拍卖时间：北京翰海 2009 年 5 月 9 日
　　　　　第 1344 号
估　　价：RMB 200,000 ~ 300,000
成 交 价：RMB 224,000

火烧玉福寿山子
年　　代：清乾隆时期
尺　　寸：长 12 厘米
拍卖时间：北京翰海 2009 年 5 月 9 日
　　　　　第 1341 号
估　　价：RMB 80,000 ~ 120,000
成 交 价：RMB 89,600

玉雕亭台人物山子
年　　代：清代
尺　　寸：高 14.3 厘米
拍卖时间：北京翰海 2009 年 5 月 9 日
　　　　　第 1342 号
估　　价：RMB 500,000 ~ 700,000
成 交 价：RMB 560,000

痕都斯坦玉花卉盖瓶
年　　代：清乾隆
尺　　寸：高 25.5 厘米
拍卖时间：北京翰海 2009 年 5 月 9 日
　　　　　第 1579 号
估　　价：RMB 150,000 ~ 200,000
成 交 价：RMB 168,000

白玉夔凤佩
年　　代：清中期
尺　　寸：高 7.1 厘米
拍卖时间：北京翰海 2009 年 5 月 9 日
　　　　　第 1302 号
估　　价：RMB 40,000 ~ 60,000
成 交 价：RMB 114,240

白玉透雕放鹤图笔筒
年　　代：清中期
尺　　寸：高 9.3 厘米
拍卖时间：北京翰海 2009 年 5 月 9 日
　　　　　第 1330 号
估　　价：RMB 350,000 ~ 450,000
成 交 价：RMB 504,000

白玉香炉
年　　代：清中期
尺　　寸：高 12 厘米
拍卖时间：北京翰海 2009 年 5 月 9 日　第 1558 号
估　　价：RMB 600,000 ~ 700,000
成 交 价：RMB 672,000

白玉梅花印盒
年　　代：清中期
尺　　寸：直径 9 厘米
拍卖时间：北京翰海 2009 年 5 月 9 日　第 1333 号
估　　价：RMB 120,000 ~ 150,000
成 交 价：RMB 145,000

玉雕夔凤纹象耳衔环瓶
年　　代：清代
尺　　寸：高 19.7 厘米
拍卖时间：北京翰海 2009 年 5 月 9 日　第 1355 号
估　　价：RMB 1,000,000 ~ 1,200,000
成 交 价：RMB 1,400,000

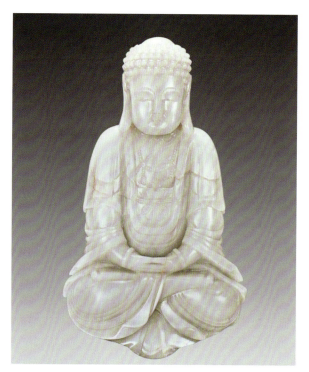

白玉释迦牟尼坐像
年　　代：清代
尺　　寸：高 15.5 厘米
拍卖时间：北京翰海 2009 年 5 月 9 日　第 1360 号
估　　价：RMB 250,000 ~ 350,000
成 交 价：RMB 392,000

玉雕开光花卉茶壶

年　　代：清代
尺　　寸：高 12.7 厘米
拍卖时间：北京翰海 2009 年 5 月 9 日　第 1356 号
估　　价：RMB 500,000 ~ 600,000
成 交 价：RMB 952,000

玉葫芦万代如意洗

年　　代：清中期
尺　　寸：高 9.7 厘米
拍卖时间：北京翰海 2009 年 5 月 9 日　第 1338 号
估　　价：RMB 600,000 ~ 800,000
成 交 价：RMB 1,008,000

玉雕太平祥瑞花插

年　　代：清乾隆时期
尺　　寸：高 19.3 厘米
拍卖时间：北京翰海 2009 年 5 月 9 日　第 1344 号
估　　价：RMB 200,000 ~ 300,000
成 交 价：RMB 224,000

黄玉螭龙瓶

年　　代：清中期
尺　　寸：高 9.3 厘米
拍卖时间：北京翰海 2009 年 5 月 9 日　第 1392 号
估　　价：RMB 150,000 ~ 220,000
成 交 价：RMB 212,800

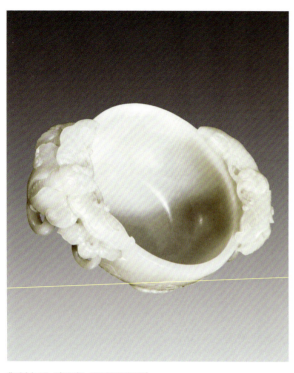

御制白玉"福到"蝴蝶耳活环洗

年　　代：清乾隆时期

尺　　寸：直径 24 厘米

拍卖时间：伦敦佳士得 2009 年 5 月 12 日　第 113 号

估　　价：GBP 300,000 ~ 500,000

成 交 价：GBP 735,650

碧玉浮雕九螭龙璧

年　　代：清乾隆时期

尺　　寸：直径 20.1 厘米

拍卖时间：伦敦 Woolley & wallis 2009 年 5 月 21 日　第 387 号

估　　价：GBP 20,000 ~ 30,000

成 交 价：GBP 358,235

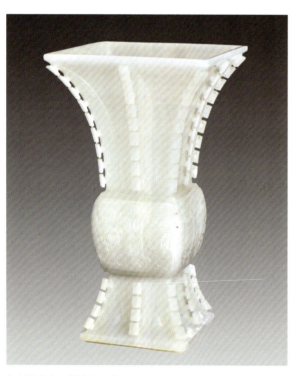

御制仿古白玉饕餮纹方尊

年　　代：清乾隆时期

尺　　寸：高 20.3 厘米

拍卖时间：伦敦佳士得 2009 年 5 月 12 日　第 102 号

估　　价：GBP 120,000 ~ 150,000

成 交 价：GBP 265,250

黄玉龙凤活环耳方炉

年　　代：清中期

尺　　寸：高 14 厘米

拍卖时间：北京保利 2009 年 5 月 29 日　第 1339 号

估　　价：RMB 900,000 ~ 1,500,000

成 交 价：RMB 1,008,000

碧玉卧牛（带鎏金座）

年　　代：清乾隆时期

尺　　寸：长 20.8 厘米

拍卖时间：伦敦 Woolley & wallis 2009 年 5 月 21 日　第 388 号

成 交 价：GBP 4,200,000

白玉莲纹三羊开泰五蝠纽盉

年　　代：清乾隆时期

尺　　寸：22.3 厘米

拍卖时间：香港佳士得 2009 年 5 月 27 日　第 1834 号

估　　价：HKD 1,200,000 ~ 1,500,000

成 交 价：HKD 4,220,000

白玉雕御制耕织图插屏

年　　代：清乾隆时期

尺　　寸：高 20.9 厘米

拍卖时间：伦敦佳士得 2009 年 5 月 12 日　第 97 号

估　　价：GBP 80,000 ~ 120,000

成 交 价：GBP 385,250

白玉雕松下高仕图插屏

年　　代：清 18 世纪

尺　　寸：宽 25.4 厘米

拍卖时间：伦敦佳士得 2009 年 5 月 12 日　第 109 号

估　　价：GBP 60,000 ~ 80,000

成 交 价：GBP 313,250

黄玉御题诗扳指配象牙扳指盒

年　　代：清乾隆时期

尺　　寸：宽 2.8 厘米

拍卖时间：北京保利 2009 年 5 月 29 日　第 1338 号

估　　价：RMB 450,000 ~ 650,000

成 交 价：RMB 504,000

白料双桥耳炉 "乾隆年制"

年　　代：清乾隆时期

尺　　寸：宽 11 厘米

拍卖时间：北京保利 2009 年 5 月 31 日

　　　　　第 2230 号

估　　价：RMB 150,000 ~ 200,000

成 交 价：RMB 336,000

白玉喜报先春御题诗砚屏

年　　代：清嘉庆时期

尺　　寸：高 22.5 厘米

拍卖时间：北京保利 2009 年 5 月 29 日　第 1341 号

估　　价：RMB 1,000,000 ~ 1,500,000

成 交 价：RMB 1,680,000

碧玉凤纹双兽耳炉

年　　代：清中期

尺　　寸：直径 24 厘米

拍卖时间：北京保利 2009 年 5 月 31 日

　　　　　第 2225 号

估　　价：RMB 100,000 ~ 150,000

成 交 价：RMB 313,600

白玉仿古出戟斧

年　　代：清乾隆时期

尺　　寸：长 12.8 厘米

拍卖时间：北京保利 2009 年 5 月 29 日

　　　　　第 1337 号

估　　价：RMB 200,000 ~ 300,000

成 交 价：RMB 694,400

白玉夔龙纹如意钮活环四足盖炉

年　　代：清乾隆时期

尺　　寸：高 10.5 厘米

拍卖时间：北京保利 2009 年 5 月 31 日
　　　　　第 2343 号

估　　价：RMB 400,000 ~ 600,000

成 交 价：RMB 448,000

碧玉松竹梅福寿如意

年　　代：清代

尺　　寸：长 40.5 厘米

拍卖时间：北京保利 2009 年 5 月 31 日
　　　　　第 2359 号

估　　价：RMB 40,000 ~ 60,000

成 交 价：RMB 72,800

象牙人物盖盒配翡翠 "怀古"

年　　代：清代

尺　　寸：直径 3.5 厘米

拍卖时间：北京保利 2009 年 5 月 31 日
　　　　　第 2260 号

估　　价：RMB 30,000 ~ 50,000

成 交 价：RMB 257,600

白玉观音立像

年　　代：清晚期

尺　　寸：高 20 厘米

拍卖时间：北京保利 2009 年 5 月 31 日
　　　　　第 2358 号

估　　价：RMB 200,000 ~ 300,000

成 交 价：RMB 347,200

青白玉仿青铜兽面纹觚

年　　代：清中期

尺　　寸：高 20.5 厘米

拍卖时间：北京保利 2009 年 5 月 31 日 第 2344 号

估　　价：RMB 500,000 ~ 800,000

成 交 价：RMB 560,000

痕都斯坦玉盒

年　　代：清乾隆时期

尺　　寸：长 12 厘米

拍卖时间：北京保利 2009 年 5 月 31 日　第 2357 号

估　　价：RMB 35,000 ~ 55,000

成 交 价：RMB 224,000

白玉带皮梅花纹山子

年　　代：清 18 世纪

尺　　寸：高 10 厘米

拍卖时间：巴黎苏富比 2009 年 6 月 11 日
　　　　　第 257 号

估　　价：EUR 18,000 ~ 22,000

成 交 价：EUR 180,750

御制王献之《中秋帖》、《洛神赋》玉版

年　　代：清乾隆时期

尺　　寸：30.9×29.6×1.7 厘米

拍卖时间：北京诚轩 2009 年 5 月 31 日　第 872 号

估　　价：RMB 3,000,000 ~ 3,500,000

成 交 价：RMB 18,480,000

白玉巧色雕花果纹方筒

年　　代：清中期

尺　　寸：高 11 厘米

拍卖时间：万隆 2009 年 6 月 26 日
　　　　　第 118 号

估　　价：RMB 80,000 ~ 150,000

成 交 价：RMB 280,000

白玉雕双如意洗

年　　代：清早期

尺　　寸：25 厘米

拍卖时间：万隆 2009 年 6 月 26 日
　　　　　第 125 号

估　　价：RMB 300,000 ~ 500,000

成 交 价：RMB 336,000

和田白玉敞口杯

年　　代：清雍正时期

尺　　寸：6.9 厘米

拍卖时间：万隆 2009 年 6 月 26 日
　　　　　第 139 号

估　　价：RMB 600,000 ~ 800,000

御制和阗玉诗文碗 "乾隆御用" 制

年　　代：清乾隆时期

尺　　寸：5 厘米 ×14.1 厘米

拍卖时间：巴黎苏富比 2009 年 6 月 11 日　第 248 号

估　　价：EUR 80,000 ~ 120,000

成 交 价：EUR 192,750

白玉羲之爱鹅子冈牌

年　　代：清 18 世纪

尺　　寸：5.7 厘米

拍卖时间：万隆 2009 年 6 月 26 日
　　　　　第 137 号

估　　价：RMB 380,000 ~ 500,000

成 交 价：RMB 425,600

白玉携琴访友图牌

年　　代：清代

尺　　寸：5.5 厘米

拍卖时间：万隆 2009 年 6 月 26 日
　　　　　第 115 号

估　　价：RMB 35,000 ~ 50,000

成 交 价：RMB 39,200

白玉绳索拱璧纹双盉圆洗连小匙

款　　识："大清乾隆仿古" 款

年　　代：清乾隆时期

尺　　寸：10.5 厘米

拍卖时间：香港苏富比 2009 年 10 月 8 日　第 1804 号

估　　价：HKD 1,200,000 ~ 1,800,000

成 交 价：HKD 3,740,000

青玉雕龙耳活环缠枝芙蓉纹方瓶

年　　代：清乾隆时期

尺　　寸：高 27.9 厘米

拍卖时间：纽约苏富比 2009 年 9 月 16 日　第 260 号

估　　价：USD 250,000 ~ 300,000

成 交 价：USD 926,500

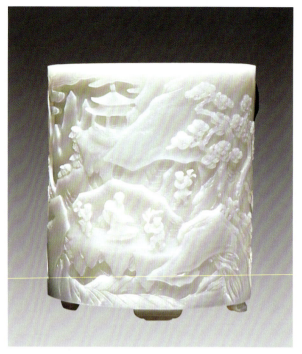

白玉雕仕女婴戏圆笔筒

年　　代：清中期

尺　　寸：高 17.1 厘米　直径 15.2 厘米

拍卖时间：纽约苏富比 2009 年 9 月 16 日　第 251 号

估　　价：USD 300,000 ~ 400,000

成 交 价：USD 662,500

白玉饕餮铺首耳活环盖炉

款　　识："大清乾隆年制"款

年　　代：乾隆

尺　　寸：12.2 厘米

拍卖时间：香港苏富比 2009 年 10 月 8 日　第 1707 号

估　　价：HKD 1,600,000 ~ 1,800,000

成 交 价：HKD 2,420,000

青白玉阴刻填金御笔

款　　识：（邓尉香雪海歌叠旧作韵）题诗插屏"御笔"款

年　　代：清乾隆时期

尺　　寸：22.1 厘米 ×31 厘米

拍卖时间：香港苏富比 2009 年 10 月 8 日　第 1714 号

估　　价：HKD 4,000,000 ~ 6,000,000

成 交 价：HKD 4,820,000

白玉镂开百子云龙图牌
年　　代：清乾隆时期
尺　　寸：8.5 厘米
拍卖时间：香港苏富比 2009 年 10 月 8 日　第 1775 号
估　　价：HKD 400,000 ~ 600,000
成 交 价：HKD 122,500

翡翠灵芝蝙蝠双耳活环福寿四足洗
尺　　寸：15.2 厘米
拍卖时间：香港苏富比 2009 年 10 月 8 日　第 1712 号
估　　价：HKD 2,500,000 ~ 3,000,000
成 交 价：HKD 3,980,000

御制紫檀木嵌素古玉璧御题诗插屏
款　　识："乾隆甲午春御题"款（插屏款识）、
　　　　　"乾隆甲午中春御题"款（玉璧款识）
年　　代：清乾隆时期
尺　　寸：22.8 厘米
拍卖时间：香港苏富比 2009 年 10 月 8 日　第 1808 号
估　　价：HKD 6,000,000 ~ 8,000,000
成 交 价：HKD 7,220,000

青玉象耳活环棱口花觚
款　　识："乾隆御用"字款
年　　代：清乾隆时期
尺　　寸：18.2 厘米
拍卖时间：香港苏富比 2009 年 10 月 8 日　第 1827 号
估　　价：HKD 500,000 ~ 700,000
成 交 价：HKD 2,660,000

白玉锦地夔龙纹双耳环

款　　识："乾隆仿古"款

年　　代：清乾隆时期

尺　　寸：直径 12 厘米

拍卖时间：香港苏富比 2009 年 10 月 8 日
　　　　　第 1830 号

估　　价：HKD 1,600,000 ~ 2,000,000

成 交 价：HKD 1,940,000

白玉回刻鼎式炉

年　　代：清乾隆时期

尺　　寸：高 5.2 厘米

拍卖时间：北京保利 2009 年 5 月 31 日
　　　　　第 2227 号

估　　价：RMB 800,000 ~ 1,000,000

成 交 价：RMB 896,000

御制白玉刻御制诗扳指

年　　代：清乾隆时期

尺　　寸：指环 3 厘米　大小 4.4 厘米

拍卖时间：香港苏富比 2009 年 10 月 8 日
　　　　　第 1822 号

估　　价：HKD 400,000 ~ 600,000

成 交 价：GBP 1,340,000

碧玉雕仙人祝寿山子

年　　代：清 18 世纪

尺　　寸：宽 26 厘米

拍卖时间：伦敦佳士得 2009 年 11 月 3 日　第 254 号

估　　价：GBP 80,000 ~ 120,000

成 交 价：GBP 151,250

和阗青玉仿古龙凤纹爵

款　　识："乾隆年制"款

年　　代：清乾隆时期

尺　　寸：12 厘米

拍卖时间：香港苏富比 2009 年 10 月 8 日
　　　　　第 1832 号

估　　价：HKD 200,000 ~ 300,000

成 交 价：HKD 1,940,000

御制黄玉碗

款　　识："乾隆年制"款

年　　代：清乾隆时期

尺　　寸：14.2 厘米

拍卖时间：香港苏富比 2009 年 10 月 8 日
　　　　　第 1807 号

估　　价：HKD 2,000,000 ~ 3,000,000

成 交 价：HKD 12,980,000

白玉雕如意芭蕉叶番莲纹梅瓶

年　　代：清乾隆时期
尺　　寸：30.7 厘米
拍卖时间：香港苏富比 2009 年 10 月 8 日
　　　　　第 1713 号
估　　价：HKD 8,000,000 ~ 12,000,000
成 交 价：HKD 14,100,000

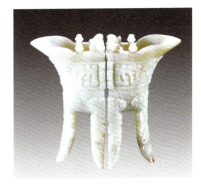

青白玉仿古龙凤纹爵杯（一对）

年　　代：清乾隆时期
尺　　寸：高 13 厘米
拍卖时间：伦敦邦瀚 2009 年 11 月 5 日
　　　　　第 243 号
估　　价：GBP 80,000 ~ 120,000
成 交 价：GBP 1,680,000

白玉象

年　　代：清中期
尺　　寸：高 7.5 厘米
拍卖时间：北京翰海 2009 年 11 月 11 日
　　　　　第 2899 号
估　　价：RMB 380,000 ~ 480,000
成 交 价：RMB 425,600

玉雕古松臂搁

年　　代：清中期
尺　　寸：高 29.6 厘米
拍卖时间：北京翰海 2009 年 11 月 11 日
　　　　　第 2878 号
估　　价：RMB 80,000 ~ 120,000
成 交 价：RMB 89,600

玉墨床

年　　代：清代
尺　　寸：长 8.6 厘米 高 1.3 厘米
拍卖时间：北京翰海 2009 年 11 月 11 日
　　　　　第 3083 号
估　　价：RMB 60,000 ~ 80,000
成 交 价：RMB 69,440

翠雕三羊开泰竹节臂搁

年　　代：清代
尺　　寸：高 24.3 厘米
拍卖时间：北京翰海 2009 年 11 月 11 日
　　　　　第 2879 号
估　　价：RMB 1,200,000 ~ 1,800,000
成 交 价：RMB 1,680,000

碧玉庭院人物笔筒

年　　代：清乾隆时期

尺　　寸：16.5 厘米

拍卖时间：嘉德 2009 年 11 月 21 日　第 2112 号

估　　价：RMB 3,500,000 ~ 4,500,000

成 交 价：RMB 6,160,000

碧玉御制石室藏书笔筒

款　　识："乾隆年制"款

年　　代：清乾隆时期

尺　　寸：高 16.3 厘米　直径 14.3 厘米

拍卖时间：北京保利 2009 年 11 月 23 日　第 2088 号

估　　价：RMB 5,000,000 ~ 8,000,000

成 交 价：RMB 6,720,000

白玉雕双蝠捧寿纹如意

年　　代：清乾隆时期

尺　　寸：长 44 厘米

拍卖时间：嘉德 2009 年 11 月 21 日
　　　　　　第 2101 号

估　　价：RMB 500,000 ~ 800,000

成 交 价：RMB 5,656,000

永瑢佛说十吉祥经玉册

年　　代：清乾隆时期

尺　　寸：13.5 厘米 ×8.5 厘米

拍卖时间：嘉德 2009 年 11 月 21 日　第 2111 号

估　　价：RMB 250,000 ~ 350,000

成 交 价：RMB 6,720,000

白玉花仙祝寿牌

年　　代：清代

尺　　寸：长 4 厘米

拍卖时间：北京翰海 2009 年 11 月 11 日　第 3027 号

估　　价：RMB 60,000 ~ 70,000

成 交 价：RMB 67,200

白玉浅刻云鹤诗文鼻烟壶

年　　代：清代

尺　　寸：高 5.3 厘米

拍卖时间：北京翰海 2009 年 11 月 11 日　第 2915 号

估　　价：RMB 80,000 ~ 120,000

成 交 价：RMB 56,000

玉御题诗文圭

年　　代：清代

尺　　寸：高 15.4 厘米

拍卖时间：北京翰海 2009 年 11 月 11 日

　　　　　第 2900 号

估　　价：RMB 1,500,000 ~ 2,500,000

成 交 价：RMB 2,800,000

水晶雕松下对弈笔筒

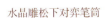

年　　代：清早期

尺　　寸：直径 12 厘米 高 12.5 厘米

拍卖时间：北京翰海 2009 年 11 月 11 日

　　　　　第 3028 号

估　　价：RMB 70,000 ~ 90,000

成 交 价：RMB 78,400

水晶螭龙爵杯
年　　代：清中期
尺　　寸：10.5 厘米
拍卖时间：嘉德 2009 年 11 月 22 日
　　　　　第 2212 号
估　　价：RMB 38,000 ~ 58,000
成 交 价：RMB 42,560

茶晶松鼠葡萄笔掭
年　　代：清代
尺　　寸：宽 10 厘米
拍卖时间：嘉德 2009 年 11 月 22 日
　　　　　第 2215 号
估　　价：RMB 25,000 ~ 35,000
成 交 价：RMB 28,000

随形水晶砚
年　　代：清代
尺　　寸：14.3 厘米 ×9.5 厘米
拍卖时间：嘉德 2009 年 11 月 22 日
　　　　　第 2308 号
估　　价：RMB 20,000 ~ 30,000
成 交 价：RMB 22,400

玉雕墨床
年　　代：清中期
尺　　寸：11.5 厘米 ×3.7 厘米
拍卖时间：嘉德 2009 年 11 月 22 日
　　　　　第 2234 号
估　　价：RMB 25,000 ~ 35,000
成 交 价：RMB 35,840

佚名刻水晶瑞兽钮章（两方）
年　　代：清代
尺　　寸：6 厘米 5 厘米
拍卖时间：嘉德 2009 年 11 月 22 日
　　　　　第 2345 号
估　　价：RMB 20,000 ~ 30,000
成 交 价：RMB 20,160

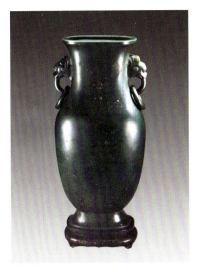

碧玉双兽环耳瓶

年　　代：清乾隆时期

尺　　寸：高 36.5 厘米

拍卖时间：北京保利 2009 年 11 月 24 日
　　　　　第 3266 号

估　　价：RMB 300,000 ~ 500,000

成 交 价：RMB 582,400

白玉长宜子孙御题诗牌

年　　代：清乾隆至嘉庆时期

尺　　寸：长 9 厘米

拍卖时间：北京保利 2009 年 11 月 24 日
　　　　　第 3272 号

估　　价：RMB 200,000 ~ 300,000

成 交 价：RMB 403,200

红玛瑙寿桃

年　　代：清代

尺　　寸：长 12 厘米

拍卖时间：北京保利 2009 年 11 月 24 日
　　　　　第 3270 号

估　　价：RMB 40,000 ~ 60,000

成 交 价：RMB 268,800

白玉双蝶活环耳洗

年　　代：清乾隆时期

尺　　寸：宽 24 厘米

拍卖时间：北京保利 2009 年 11 月 24 日
　　　　　第 3267 号

估　　价：RMB 1,200,000 ~ 2,200,000

成 交 价：RMB 1,456,000

白玉饕餮纹双鹰衔环耳龙钮盖瓶

年　　代：清乾隆时期

尺　　寸：宽 20 厘米

拍卖时间：嘉德 2009 年 11 月 21 日
　　　　　第 2106 号

估　　价：RMB 800,000 ~ 1,200,000

成 交 价：RMB 1,624,000

水晶雕狮子戏球香熏

年　　代：清代

尺　　寸：高 27 厘米

拍卖时间：北京保利 2009 年 11 月 24 日　第 3271 号

估　　价：RMB 100,000 ~ 150,000

成 交 价：RMB 134,400

水晶雕兽面纹带盖爵杯

年　　代：清早期

尺　　寸：高 16 厘米

拍卖时间：北京保利 2009 年 11 月 24 日
　　　　　　第 3268 号

估　　价：RMB 60,000 ~ 80,000

成 交 价：RMB 67,200

白玉活环斝形杯

年　　代：清乾隆时期

尺　　寸：高 13.5 厘米

拍卖时间：北京保利 2009 年 11 月 24 日　第 3273 号

估　　价：RMB 350,000 ~ 550,000

成 交 价：RMB 470,400

水晶雕松竹笔筒

年　　代：清早期

尺　　寸：高 12 厘米

拍卖时间：北京保利 2009 年 11 月 24 日
　　　　　　第 3269 号

估　　价：RMB 80,000 ~ 120,000

成 交 价：RMB 95,200

白玉饕餮纹觚式花插

年　　代：清乾隆时期

尺　　寸：高 22.3 厘米

拍卖时间：香港佳士得 2009 年 12 月 1 日
　　　　　第 1995 号

估　　价：HKD 350,000 ~ 450,000

成 交 价：HKD 3,620,000

珐琅嵌玉大吉葫芦瓶

年　　代：清乾隆时期

尺　　寸：高 36.5 厘米

拍卖时间：北京保利 2009 年 11 月 24 日　第 3274 号

估　　价：RMB 1,200,000 ~ 1,800,000

成 交 价：RMB 1,680,000

青白玉阿弥陀佛

年　　代：清乾隆时期

尺　　寸：高 29 厘米

拍卖时间：匡时 2009 年 11 月 30 日
　　　　　第 634 号

估　　价：RMB 4,000,000 ~ 5,000,000

成 交 价：RMB 1,460,000

茶晶壶形水滴

年　　代：清代

尺　　寸：宽 9 厘米

拍卖时间：嘉德 2009 年 11 月 22 日　第 2222 号

估　　价：RMB 10,000 ~ 20,000

成 交 价：RMB 11,200

白玉八骏图山子

年　　代：清乾隆时期
尺　　寸：高 22.2 厘米
拍卖时间：香港佳士得 2009 年 12 月 1 日
　　　　　第 1997 号
估　　价：HKD 1,200,000 ~ 1,800,000
成 交 价：HKD 2,660,000

白玉雕葫芦水洗

年　　代：清代
尺　　寸：长 9.5 厘米 高 8 厘米
拍卖时间：杭州西泠印社 2009 年 12 月 20 日
　　　　　第 1664 号
估　　价：RMB 100,000 ~ 120,000
成 交 价：RMB 145,000

翠玉喜上梅梢竹节形臂搁

年　　代：清代
尺　　寸：长 20.2 厘米
拍卖时间：香港佳士得 2009 年 12 月 1 日
　　　　　第 2034 号
估　　价：HKD 400,000 ~ 600,000
成 交 价：HKD 1,460,000

痕都斯坦白玉壶

年　　代：清乾隆时期
尺　　寸：长 18 厘米
拍卖时间：匡时 2009 年 11 月 30 日　第 663 号
估　　价：RMB 1,500,000 ~ 2,000,000
成 交 价：RMB 1,724,000

翡翠海棠式浮雕夔龙纹洗（一对）

年　　代：清代

尺　　寸：13厘米×10厘米×4厘米

拍卖时间：杭州西泠印社 2009 年 12 月 20 日 第 1814 号

估　　价：RMB 120,000 ~ 160,000

成 交 价：RMB 134,400

白玉子冈牌

年　　代：清代

尺　　寸：高 5.3 厘米 高 3.2 厘米

拍卖时间：杭州西泠印社

　　　　　　2009 年 12 月 20 日 第 1670 号

估　　价：RMB 80,000 ~ 100,000

成 交 价：RMB 112,000

白玉雕莲花盖壶

年　　代：清 18 世纪

尺　　寸：高 13.5 厘米 长 14 厘米

拍卖时间：巴黎塔尚 2009 年 12 月 17 日 第 77 号

估　　价：EUR 20,000 ~ 25,000

成 交 价：EUR 125,877

白玉雕笛仙摆件

年　　代：清代

尺　　寸：高 16 厘米

拍卖时间：杭州西泠印社

　　　　　　2009 年 12 月 20 日第 1671 号

估　　价：RMB 120,000 ~ 150,000

成 交 价：RMB 156,800

白玉雕龙方花插
年　代：清代
尺　寸：高13厘米 宽13厘米
拍卖时间：杭州西泠印社
　　　　　2009年12月20日第1671号
估　价：RMB 100,000 ~ 120,000
成 交 价：RMB 190,400

白玉雕豆荚挂件
年　代：清代
尺　寸：长6.8厘米
拍卖时间：杭州西泠印社
　　　　　2009年12月20日 第1807号
估　价：RMB 50,000 ~ 80,000
成 交 价：RMB 84,000

白玉太平有象玉牌
年　代：清代
尺　寸：长7.5厘米 厚0.6厘米
拍卖时间：杭州西泠印社
　　　　　2009年12月20日第1806号
估　价：RMB 50,000 ~ 80,000
成 交 价：RMB 84,000

玛瑙巧作福如东海镇纸
年　代：清代
尺　寸：长6.5厘米
拍卖时间：杭州西泠印社
　　　　　2009年12月20日第1581号
估　价：RMB 120,000 ~ 15,000
成 交 价：RMB 24,640

端方收藏古玉钺
年　代：清代
尺　寸：长21厘米
拍卖时间：杭州西泠印社
　　　　　2009年12月20日第1810号
估　价：RMB 40,000 ~ 60,000
成 交 价：RMB 44,800

象耳双环玛瑙瓶
年　代：清代
尺　寸：高26厘米
拍卖时间：杭州西泠印社
　　　　　2009年12月20日第1884号
估　价：RMB 5,000 ~ 20,000
成 交 价：RMB 20,160

御制黄玉题诗双鱼洗
款　识："乾隆年制"款
年　代：清乾隆时期
尺　寸：15.5厘米
拍卖时间：DM道明 2009年12月23日
　　　　　第78号
估　价：RMB 850,000 ~ 100,000
成 交 价：RMB 2,486,400

御制白玉吉庆如意纹碗
年　　代：清乾隆时期
尺　　寸：直径 14 厘米
拍卖时间：香港佳士得 2009 年 12 月 1 日
　　　　　第 1996 号
估　　价：HKD 400,000 ~ 600,000
成 交 价：HKD 1,940,000

白玉俏色雕"鹿乳奉亲"摆件
年　　代：清代
尺　　寸：高 9 厘米
拍卖时间：北京荣宝 2010 年 3 月 14 日
　　　　　第 338 号
估　　价：RMB 80,000 ~ 120,000
成 交 价：RMB 100,000

青白玉留皮雕寿星摆件
年　　代：清代
尺　　寸：高 13.5 厘米
拍卖时间：北京荣宝 2010 年 3 月 14 日
　　　　　第 335 号
估　　价：RMB 70,000 ~ 90,000
成 交 价：RMB 80,000

翡翠雕螭龙纹鼻烟壶
年　　代：清代
尺　　寸：高 6.5 厘米
拍卖时间：北京荣宝 2010 年 3 月 14 日
　　　　　第 388 号
估　　价：RMB 38,000 ~ 48,000
成 交 价：RMB 38,000

玛瑙俏雕解珍宝打虎纹鼻烟壶
年　　代：清乾隆时期
尺　　寸：高 8 厘米
拍卖时间：北京荣宝 2010 年 3 月 14 日
　　　　　第 383 号
估　　价：RMB 100,000 ~ 150,000
成 交 价：RMB 110,000

发品雕寿纹铺首耳鼻烟壶
年　　代：清代
尺　　寸：高 6.5 厘米
拍卖时间：北京荣宝 2010 年 3 月 14 日
　　　　　第 387 号
估　　价：RMB 30,000 ~ 50,000
成 交 价：RMB 30,000

痕都斯坦玉雕马首柄錾花错金刀
年　　代：清 19 世纪
尺　　寸：长 38 厘米
拍卖时间：北京荣宝 2010 年 3 月 14 日
　　　　　第 343 号
估　　价：RMB 400,000 ~ 600,000
成 交 价：RMB 420,000

御制仿汉玉题诗谷绳纹饕餮白玉璧
年　　代：清乾隆时期
尺　　寸：28.4 厘米
拍卖时间：香港苏富比 2010 年 4 月 8 日 第 1836 号
估　　价：HKD 5,000,000 ~ 7,000,000
成 交 价：HKD 6,620,000

黑斑灰白玉卧牛
年　　代：清早期
尺　　寸：28 厘米
拍卖时间：香港苏富比 2010 年 4 月 8 日
　　　　　第 1909 号
估　　价：HKD 3,500,000 ~ 4,500,000
成 交 价：HKD 7,820,000

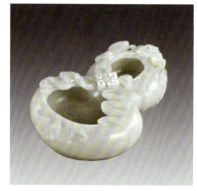

白玉蝙蝠雕葫芦洗
年　　代：清 18 世纪
尺　　寸：长 20.3 厘米
拍卖时间：纽约苏富比 2010 年 3 月 23 日
　　　　　第 46 号
估　　价：USD 200,000 ~ 250,000
成 交 价：USD 632,500

翡翠香炉
年　　代：清代
尺　　寸：带座高 23 厘米
拍卖时间：杭州西泠印社
　　　　　2009 年 12 月 20 日第 1813 号
估　　价：RMB 60,000 ~ 80,000
成 交 价：RMB 84,000

白玉题诗无双谱孙策图子冈牌
年　　代：清 17 ~ 18 世纪
尺　　寸：4.4 厘米
拍卖时间：香港苏富比 2010 年 4 月 8 日
　　　　　第 2024 号
估　　价：HKD 500,000 ~ 600,000
成 交 价：HKD 1,220,000

白玉嵌宝石鹊形盒
年　　代：清乾隆时期
尺　　寸：宽 14.5 厘米
拍卖时间：伦敦邦瀚斯 2010 年 5 月 13 日
　　　　　第 13 号
估　　价：GBP 10,000 ~ 14,000
成 交 价：GBP 300,000

玉衔灵芝卧鹿

年　　代：清乾隆时期
尺　　寸：宽 10.9 厘米
拍卖时间：伦敦邦瀚斯 2010 年 5 月 13 日
　　　　　第 75 号
估　　价：GBP 40,000 ~ 60,000
成 交 价：GBP 264,000

白玉题诗释迦牟尼佛山子

年　　代：清乾隆时期
尺　　寸：高 24.5 厘米
拍卖时间：伦敦佳士得 2010 年 5 月 11 日
　　　　　第 152 号
估　　价：GBP 15,000 ~ 25,000
成 交 价：GBP 541,250

白玉浮雕螭龙 "兽面图" 钮盖扁壶

年　　代：清 18 世纪
尺　　寸：20.3 厘米
拍卖时间：香港苏富比 2010 年 4 月 8 日　第 1846 号
估　　价：HKD 1,600,000 ~ 2,000,000
成 交 价：HKD 3,620,000

白玉团花纹活环蝠钮天球盖炉

年　　代：清乾隆时期
尺　　寸：13.6 厘米
拍卖时间：香港苏富比 2010 年 4 月 8 日
　　　　　第 1870 号
估　　价：HKD 5,000,000 ~ 7,000,000
成 交 价：HKD 6,020,000

玉雕五福大吉纹葫芦瓶

年　　代：清 18 世纪
尺　　寸：高 29.7 厘米
拍卖时间：斯图加特纳高 2010 年 5 月 7 日
　　　　　第 227 号
成 交 价：EUR 438,900

黄玉巧色海水云龙山子

年　　代：清 18 世纪
尺　　寸：13.4 厘米
拍卖时间：香港苏富比 2010 年 4 月 8 日
　　　　　第 1908 号
估　　价：HKD 600,000 ~ 8,00,000
成 交 价：HKD 1,280,000

白玉三童洗
年　　代：清中期
尺　　寸：长 12.8 厘米
拍卖时间：北京翰海 2010 年 7 月 2 日
　　　　　第 1452 号
估　　价：RMB 180,000 ~ 250,000
成 交 价：RMB 990,000

青玉出戟方鼎
年　　代：清乾隆时期
尺　　寸：高 21 厘米
拍卖时间：伦敦佳士得 2010 年 5 月 11 日
　　　　　第 161 号
估　　价：GBP 15,000 ~ 20,000
成 交 价：GBP 253,250

白玉雕饕餮纹兽首衔环耳盖瓶
年　　代：清中期
尺　　寸：高 29.2 厘米
拍卖时间：嘉德 2010 年 5 月 16 日
　　　　　第 2566 号
估　　价：RMB 1,600,000 ~ 2,600,000
成 交 价：RMB 3,808,000

痕都斯坦玉杖首
年　　代：清中期
尺　　寸：长 11.5 厘米
拍卖时间：北京翰海 2010 年 7 月 2 日
　　　　　第 1425 号
估　　价：RMB 15,000 ~ 20,000
成 交 价：RMB 24,200

碧玉八吉祥梅瓶
款　　识："大清乾隆年制"款
年　　代：清乾隆时期
尺　　寸：高 26.7 厘米
拍卖时间：纽约苏富比 2010 年 3 月 23 日
　　　　　第 181 号
估　　价：USD 180,000 ~ 200,000
成 交 价：USD 314,500

白玉双耳五福纹盖瓶

年　　代：清 18 世纪
尺　　寸：高 21.3 厘米
拍卖时间：伦敦邦瀚斯 2010 年 5 月 13 日
　　　　　第 21 号
估　　价：GBP 30,000 ~ 40,000
成 交 价：GBP 580,000

白玉雕海棠形盏托

款　　识："嘉庆御用"
年　　代：清嘉庆时期
尺　　寸：宽 15.4 厘米
拍卖时间：嘉德 2010 年 5 月 15 日　第 2201 号
估　　价：RMB 680,000 ~ 880,000
成 交 价：RMB 1,456,000

白玉雕狮耳活环缠枝莲纹方盖瓶

年　　代：清 18 世纪
尺　　寸：高 28 厘米
拍卖时间：纽约苏富比 2010 年 3 月 23 日
　　　　　第 31 号
估　　价：USD 70,000 ~ 90,000
成 交 价：USD 392,500

白玉螭龙双耳瓶

年　　代：清乾隆时期
尺　　寸：高 19 厘米
拍卖时间：北京翰海 2010 年 7 月 2 日
　　　　　第 1421 号
估　　价：RMB 220,000 ~ 260,000
成 交 价：RMB 220,000

鎏金背光白玉佛像

年　　代：清 18 至 19 世纪
尺　　寸：高 23.5 厘米
拍卖时间：纽约佳士得 2010 年 3 月 26 日
　　　　　第 1104 号
估　　价：USD 150,000 ~ 200,000
成 交 价：USD 2,322,500

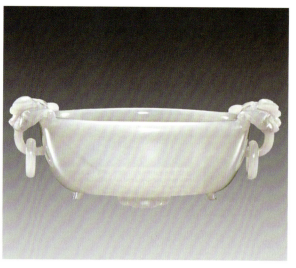

御制和阗白玉御题诗碗

款　　识："乾隆年制"款
年　　代：清乾隆时期
尺　　寸：12.7 厘米
拍卖时间：香港苏富比 2010 年 4 月 8 日　第 1832 号
估　　价：HKD 4,000,000 ~ 6,000,000
成 交 价：HKD 6,020,000

白玉兰芝图双龙耳活环四足洗

年　　代：清乾隆时期
尺　　寸：21.5 厘米
拍卖时间：香港苏富比 2010 年 4 月 8 日　第 1869 号
估　　价：HKD 5,000,000 ~ 7,000,000
成 交 价：HKD 6,020,000

墨玉雕梅花如意

年　　代：清中期
尺　　寸：长 38.3 厘米
拍卖时间：北京翰海 2010 年 7 月 2 日
　　　　　第 1445 号
估　　价：RMB 22,000 ~ 32,000
成 交 价：RMB 132,000

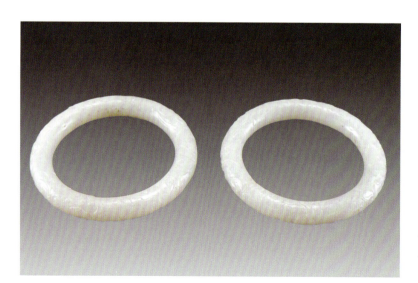

白玉花蝶纹手镯

年　　代：清中期
尺　　寸：直径 7.5 厘米
拍卖时间：北京翰海 2010 年 7 月 2 日
　　　　　第 1427 号
估　　价：RMB 12,000 ~ 18,000
成 交 价：RMB 35,200

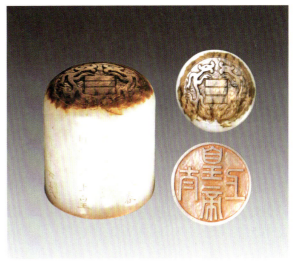

青玉暗刻填金《佛说贤者五福德经》册

年　　代：清乾隆时期

尺　　寸：18.7 厘米 × 10.7 厘米

拍卖时间：香港苏富比 2010 年 4 月 8 日　第 1830 号

估　　价：HKD 5,000,000 ～ 7,000,000

成 交 价：HKD 17,460,000

乾隆帝御宝题诗白玉圆玺 "太上皇帝" 印文

年　　代：清乾隆时期

尺　　寸：4.5 厘米

拍卖时间：香港苏富比　2010 年 4 月 8 日　第 1815 号

估　　价：无底价

成 交 价：HKD 95,860,000

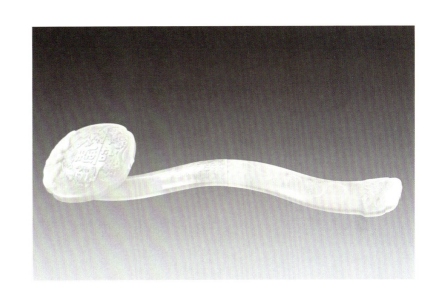

白玉福寿八宝纹如意

年　　代：清乾隆时期

尺　　寸：长 43.5 厘米

拍卖时间：嘉德 2010 年 5 月 15 日
　　　　　第 2202 号

估　　价：RMB 1,600,000 ～ 2,600,000

成 交 价：RMB 2,912,000

白玉八吉祥盖盒（一对）

年　　代：清乾隆时期

尺　　寸：直径 17 厘米

拍卖时间：北京保利 2010 年 6 月 4 日
　　　　　第 4180 号

估　　价：RMB 6,000,000 ～ 8,000,000

成 交 价：RMB 6,720,000

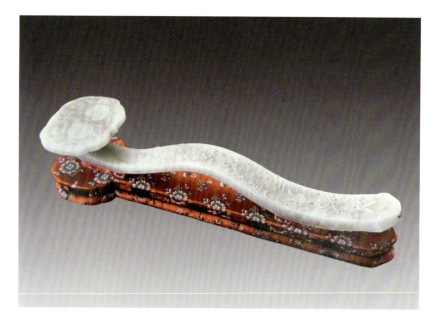

青白玉福寿暗八仙纹如意

年　　代：清代

尺　　寸：长 49.5 厘米

拍卖时间：嘉德 2010 年 5 月 16 日
　　　　　第 2558 号

估　　价：RMB 200,000 ～ 300,000

成 交 价：RMB 537,600

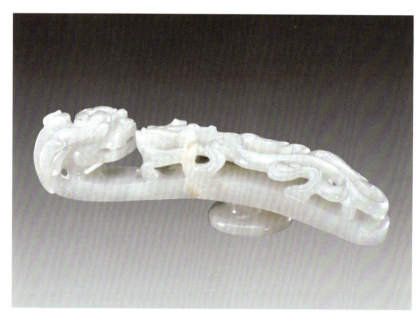

白玉灵芝纹如意

年　　代：清乾隆时期

尺　　寸：长 46 厘米

拍卖时间：嘉德 2010 年 5 月 16 日
　　　　　第 2559 号

估　　价：RMB 1,200,000 ～ 1,800,000

成 交 价：RMB 2,016,000

白玉卧猫

年　　代：清 18 至 19 世纪

尺　　寸：长 18 厘米　高 10.8 厘米

拍卖时间：巴黎 Woolley &Walls
　　　　　2010 年 5 月 19 日
　　　　　第 345 号

估　　价：EUR 15,000 ～ 20,000

成 交 价：EUR 191,200

翡翠雕龙钩

年　　代：清代

尺　　寸：长 9.2 厘米

拍卖时间：嘉德 2010 年 5 月 15 日
　　　　　　第 2216 号

估　　价：RMB 600,000 ～ 800,000

成 交 价：RMB 672,000

御制青玉象（一对）

年　　代：清乾隆时期

尺　　寸：长 19 厘米　高 17 厘米

拍卖时间：巴黎 Woolley&Wallis
　　　　　　2010 年 5 月 19 日
　　　　　　第 349 号

估　　价：EUR 200,000 ～ 300,000

成 交 价：EUR 1,200,000

白玉雕三鹅戏水

年　　代：清乾隆时期

尺　　寸：长 8.5 厘米

拍卖时间：嘉德 2010 年 5 月 16 日
　　　　　　第 2562 号

估　　价：RMB 90,000 ～ 120,000

成 交 价：RMB 156,800

白玉阳刻诗文双龙耳杯（一对）
年　　代：明代
尺　　寸：宽12厘米
拍卖时间：北京保利　2011年6月5日　第7194号
估　　价：RMB 800,000 ～ 1,200,000
成 交 价：RMB 920,000

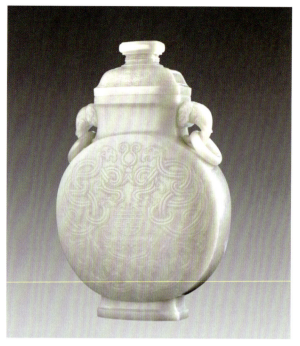

白玉龙凤供寿纹双活环象耳扁瓶
年　　代：清乾隆时期
尺　　寸：高29.2厘米
拍卖时间：香港佳士得　2010年5月31日　第1908号
估　　价：HKD 3,000,000 ～ 5,000,000
成 交 价：HKD 3,620,000

白玉雕跃狮活环耳盖炉
年　　代：清晚期
尺　　寸：高21厘米
拍卖时间：香港佳士得　2010年5月31日　第2090号
估　　价：HKD 2,000,000 ～ 3,000,000
成 交 价：HKD 7,820,000

翠玉双龙活环耳盖炉
年　　代：清晚期
尺　　寸：22.2厘米
拍卖时间：香港佳士得　2010年5月31日　第2089号
估　　价：HKD 10,000,000 ～ 15,000,000
成 交 价：HKD 34,260,000

白玉留皮雕乾隆御题诗双骏图扳指
年　　代：清乾隆时期
尺　　寸：直径 2.8 厘米
拍卖时间：北京荣宝 2010 年 5 月 30 日
　　　　　第 210 号
估　　价：RMB 400,000 ~ 600,000
成 交 价：RMB 448,000

白玉雕卧牛童子
年　　代：清乾隆时期
尺　　寸：长 12.7 厘米
拍卖时间：香港佳士得 2010 年 5 月 31 日
　　　　　第 1893 号
估　　价：HKD 2,000,000 ~ 3,000,000
成 交 价：HKD 2,420,000

白玉仿汉兽环耳壶
款　　识："大清乾隆仿古"款
年　　代：清乾隆时期
尺　　寸：高 9.9 厘米
拍卖时间：北京荣宝 2010 年 5 月 30 日
　　　　　第 211 号
估　　价：RMB 500,000 ~ 800,000
成 交 价：RMB 672,000

白玉天禄人物
年　　代：清乾隆时期
尺　　寸：高 6 厘米
拍卖时间：嘉德 2010 年 5 月 16 日
　　　　　第 2716 号
估　　价：RMB 30,000 ~ 50,000
成 交 价：RMB 123,200

青玉留皮螭龙觥
年　　代：清中期
尺　　寸：高 17 厘米
拍卖时间：嘉德 2010 年 5 月 16 日
　　　　　第 2722 号
估　　价：RMB 100,000 ~ 150,000
成 交 价：RMB 112,000

白玉鼻烟壶
年　　代：清乾隆时期
尺　　寸：高 7.5 厘米
拍卖时间：嘉德 2010 年 5 月 16 日
　　　　　第 2731 号
估　　价：RMB 15,000 ~ 25,000
成 交 价：RMB 123,200

红玛瑙玺印原配紫檀嵌玉印盒
年　　代：清乾隆时期
尺　　寸：直径 2.8 厘米
拍卖时间：北京保利 2010 年 6 月 4 日 第 4152 号
估　　价：RMB 1,200,000 ~ 1,800,000
成 交 价：RMB 3,584,000

青白玉透雕缠枝花卉香囊
年　　代：清乾隆时期
尺　　寸：直径 5.8 厘米
拍卖时间：北京保利 2010 年 6 月 4 日 第 4172 号
估　　价：RMB 120,000 ~ 180,000
成 交 价：RMB 134,400

黄玉三螭洗
年　　代：清乾隆时期
尺　　寸：直径 13.5 厘米
拍卖时间：北京保利 2010 年 6 月 4 日 第 4174 号
估　　价：RMB 300,000 ~ 500,000
成 交 价：RMB 918,400

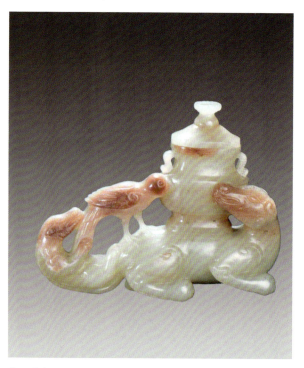

黄玉雕狗形盖瓶
年　　代：清乾隆时期
尺　　寸：宽 13.7 厘米
拍卖时间：伦敦邦瀚斯 2010 年 5 月 13 日
　　　　　第 25 号
估　　价：GBP 18,000 ~ 22,000
成 交 价：GBP 228,000

白玉竹纹灵芝题诗牌

年　　代：清乾隆时期

尺　　寸：长6厘米

拍卖时间：北京保利 2010 年 6 月 4 日　第 4173 号

估　　价：RMB 250,000 ~ 350,000

成 交 价：RMB 448,000

白玉嵌百宝九桃牡丹福寿如意

年　　代：清乾隆时期

尺　　寸：长44厘米

拍卖时间：北京保利 2010 年 6 月 4 日　第 4178 号

估　　价：RMB 2,500,000 ~ 3,500,000

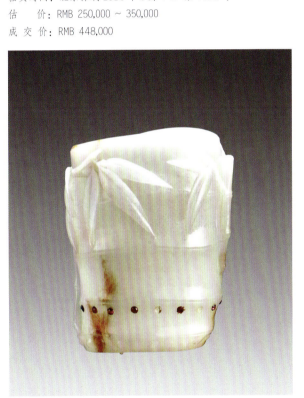

白玉嵌宝石竹节笔筒

年　　代：清乾隆时期

尺　　寸：高 10.5 厘米

拍卖时间：北京保利 2010 年 6 月 4 日　第 4179 号

估　　价：RMB 1,000,000 ~ 1,500,000

成 交 价：RMB 2,352,000

白玉佛法铃

年　　代：清乾隆时期

尺　　寸：高 18.2 厘米　口径 10.2 厘米

拍卖时间：巴黎 Woolley &Walls 2010 年 5 月 19 日
　　　　　 第 348 号

估　　价：EUR 200,000 ~ 300,000

成 交 价：EUR 2,400,000

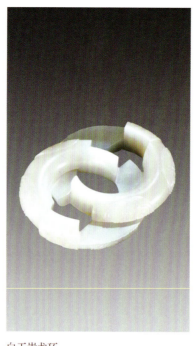

白玉寿桃盖盒

年　　代：清乾隆时期
尺　　寸：高 14.5 厘米
拍卖时间：匡时 2010 年 6 月 6 日
　　　　　第 1363 号
估　　价：RMB 600,000 ~ 700,000
成 交 价：RMB 672,000

白玉蚩尤环

年　　代：清乾隆时期
尺　　寸：直径 7.5 厘米
拍卖时间：匡时 2010 年 6 月 6 日
　　　　　第 1280 号
估　　价：RMB 280,000 ~ 300,000
成 交 价：RMB 548,800

白玉高士图插屏

年　　代：清中期
尺　　寸：10.5 厘米 ×12.7 厘米
拍卖时间：匡时 2010 年 6 月 6 日
　　　　　第 1237 号
估　　价：RMB 250,000 ~ 280,000
成 交 价：RMB 268,800

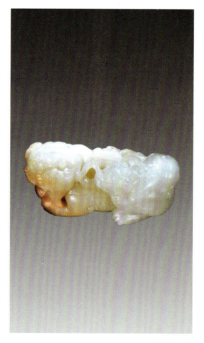

白玉貔

年　　代：清中期
尺　　寸：高 4.5 厘米
拍卖时间：匡时 2010 年 6 月 6 日
　　　　　第 1292 号
估　　价：RMB 6,000 ~ 8,000
成 交 价：RMB 280,000

白玉太狮少狮

年　　代：清中期
尺　　寸：长 7 厘米
拍卖时间：匡时 2010 年 6 月 6 日
　　　　　第 1362 号
估　　价：RMB 100,000 ~ 120,000
成 交 价：RMB 134,400

黑白玉欢喜童子

年　　代：清中期
尺　　寸：长 4 厘米
拍卖时间：匡时 2010 年 6 月 6 日
　　　　　第 1371 号
估　　价：RMB 90,000 ~ 100,000
成 交 价：RMB 106,400

白玉腰圆砚
年　　代：清中期
尺　　寸：长 7.9 厘米
拍卖时间：北京翰海 2010 年 6 月 6 日
　　　　　第 1775 号
估　　价：RMB 80,000 ~ 100,000

白玉平升三级佩
年　　代：清代
尺　　寸：长 7 厘米
拍卖时间：匡时 2010 年 6 月 6 日
　　　　　第 1238 号
估　　价：RMB 180,000 ~ 200,000
成 交 价：RMB 212,800

白玉镂雕香囊
年　　代：清代
尺　　寸：高 5 厘米
拍卖时间：匡时 2010 年 6 月 6 日
　　　　　第 1391 号
估　　价：RMB 38,000 ~ 40,000
成 交 价：RMB 67,200

翠玉饕餮纹仿古瓶
年　　代：清乾隆时期
尺　　寸：高 19 厘米
拍卖时间：匡时 2010 年 6 月 6 日
　　　　　第 1351 号
估　　价：RMB 360,000 ~ 400,000
成 交 价：RMB 425,000

青白玉山水人物插屏
年　　代：清初
尺　　寸：28.8 厘米 × 22.8 厘米
拍卖时间：匡时 2010 年 6 月 6 日
　　　　　第 1296 号
估　　价：RMB 700,000 ~ 800,000
成 交 价：RMB 840,000

翡翠海棠洗
年　　代：清代
尺　　寸：长 13 厘米
拍卖时间：匡时 2010 年 6 月 6 日
　　　　　第 1393 号
估　　价：RMB 130,000 ~ 150,000
成 交 价：RMB 156,000

白玉九如砚屏

年　　代：清乾隆时期
尺　　寸：高 15.2 厘米
拍卖时间：匡时 2010 年 6 月 6 日　第 1152 号
估　　价：RMB 800,000 ~ 1,000,000
成 交 价：RMB 1,232,000

白玉菊瓣纹灵芝钮盖碗

年　　代：清乾隆时期
尺　　寸：高 9.3 厘米
拍卖时间：匡时 2010 年 6 月 6 日　第 1169 号
估　　价：RMB 1,400,000
成 交 价：RMB 1,680,000

青玉螭龙玉玺（庆丰银行藏）

年　　代：清乾隆时期
尺　　寸：12 厘米 ×12 厘米
拍卖时间：宇珍 2010 年 6 月 26 日　第 127 号
估　　价：TWD 12,000,000 ~ 20,000,000
成 交 价：TWD 482,500,000

翡翠浮雕夔龙纹双耳龙钮方鼎

年　　代：清乾隆时期
尺　　寸：16.5 厘米
拍卖时间：匡时 2010 年 6 月 6 日　第 1173 号
估　　价：RMB 6,800,000 ~ 8,800,000
成 交 价：RMB 19,600,000

白玉福寿桃形盒
年　　代：清中期
尺　　寸：长 7.8 厘米
拍卖时间：北京翰海 2010 年 6 月 6 日　第 1777 号
估　　价：RMB 200,000 ~ 250,000
成 交 价：RMB 224,000

白玉释迦牟尼像
年　　代：清中期
尺　　寸：高 20 厘米
拍卖时间：北京翰海 2010 年 6 月 6 日　第 1801 号
估　　价：RMB 1,800,000 ~ 2,200,000
成 交 价：RMB 2,352,000

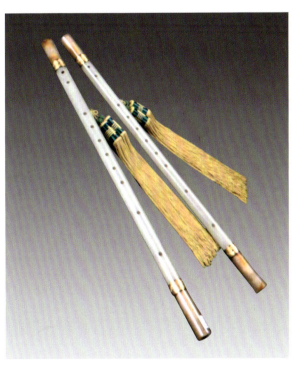

白玉嵌玛瑙长笛（一对）
年　　代：清乾隆时期
尺　　寸：长 20.3 厘米
拍卖时间：宇珍 2010 年 6 月 26 日　第 128 号
估　　价：TWD 1,000,000 ~ 3,000,000
成 交 价：TWD 21,000,000

御制翡翠九狮盖炉
年　　代：清光绪时期
尺　　寸：高 16 厘米
拍卖时间：北京保利 2010 年 6 月 4 日　第 4181 号
成 交 价：RMB 15,680,000

白玉螭龙海棠式洗
年　　代：清中期
尺　　寸：长 17.5 厘米
拍卖时间：北京翰海 2010 年 6 月 6 日　第 1780 号
估　　价：RMB 900,000 ~ 1,200,000
成 交 价：RMB 1,008,000

白玉亭台人物山子
年　　代：清中期
尺　　寸：高 16 厘米
拍卖时间：北京翰海 2010 年 6 月 6 日　第 1785 号
估　　价：RMB 2,200,000 ~ 2,800,000
成 交 价：RMB 2,464,000

碧玉兽面觥
年　　代：清中期
尺　　寸：高 16 厘米
拍卖时间：北京翰海 2010 年 6 月 6 日　第 1792 号
估　　价：RMB 250,000 ~ 300,000
成 交 价：RMB 537,600

白玉童子洗象山子
年　　代：清代
尺　　寸：高 17.3 厘米
拍卖时间：北京翰海 2010 年 6 月 6 日　第 1798 号
估　　价：RMB 1,500,000 ~ 1,800,000
成 交 价：RMB 1,680,000

黄玉童子平安如意花插

年　　代：清代

尺　　寸：高 8.5 厘米

拍卖时间：北京翰海 2010 年 6 月 6 日　第 1799 号

估　　价：RMB 480,000 ～ 580,000

成 交 价：RMB 560,000

黄玉双凤灵芝瓶

年　　代：清中期

尺　　寸：高 16 厘米

拍卖时间：北京翰海 2010 年 6 月 6 日　第 1800 号

估　　价：RMB 1,500,000 ～ 1,800,000

成 交 价：RMB 1,680,000

玉兽面纹出戟提梁卣

年　　代：清中期

尺　　寸：高 17.5 厘米

拍卖时间：北京翰海 2010 年 6 月 6 日　第 1793 号

估　　价：RMB 300,000 ～ 380,000

成 交 价：RMB 470,400

青白玉兽面象耳衔环瓶

年　　代：清中期

尺　　寸：高 28.5 厘米

拍卖时间：北京翰海 2010 年 6 月 6 日　第 1794 号

估　　价：RMB 750,000 ～ 900,000

成 交 价：RMB 840,000

白玉龙凤长宜子孙佩

年　　代：清乾隆时期

尺　　寸：高 12.8 厘米

拍卖时间：北京翰海 2010 年 6 月 6 日　第 1826 号

估　　价：RMB 800,000 ~ 1,000,000

成 交 价：RMB 2,072,000

水晶双耳瓶

年　　代：清代

尺　　寸：高 16 厘米

拍卖时间：杭州西泠印社 2010 年 7 月 6 日　第 2845 号

估　　价：RMB 25,000 ~ 35,000

成 交 价：RMB 28,000

黄玉凤纹尊

年　　代：清乾隆时期

尺　　寸：高 12 厘米

拍卖时间：匡时 2010 年 6 月 6 日　第 1174 号

估　　价：RMB 1,800,000 ~ 2,000,000

成 交 价：RMB 2,800,000

乾隆帝御宝交龙钮白玉玺

年　　代：清乾隆时期

尺　　寸：12.9 厘米

拍卖时间：香港苏富比　2010 年 10 月 7 日　第 2103 号

估　　价：HKD 25,000,000 ~ 30,000,000

成 交 价：HKD 121,620,000

白玉童子献兽佩
年　　代：清中期
尺　　寸：高 5.8 厘米
拍卖时间：北京翰海 2010 年 6 月 6 日　第 1824 号
估　　价：RMB 500,000 ～ 600,000
成 交 价：RMB 694,400

白玉人物诗文佩
年　　代：清中期
尺　　寸：高 4.7 厘米
拍卖时间：北京翰海 2010 年 6 月 6 日　第 1825 号
估　　价：RMB 500,000 ～ 600,000
成 交 价：RMB 784,000

白玉香炉
年　　代：清代
尺　　寸：高 6.8 厘米 口径 5.1 厘米
拍卖时间：杭州西泠印社　2010 年 7 月 6 日　第 2558 号
估　　价：RMB 12,000 ～ 18,000
成 交 价：RMB 39,200

青白玉卧牛
年　　代：清 17 世纪
尺　　寸：长 42.5 厘米
拍卖时间：匡时 2010 年 6 月 6 日　第 1278 号
估　　价：RMB 2,500,000 ～ 3,000,000
成 交 价：RMB 3,360,000

碧玉八吉祥寿纹如意

年　　代：清中期

尺　　寸：长 35.5 厘米

拍卖时间：北京翰海 2010 年 6 月 6 日　第 1895 号

估　　价：RMB 150,000 ~ 180,000

成 交 价：RMB 201,600

白玉夔龙纹、黄玉夔龙纹扳指（二件）

年　　代：清乾隆时期

尺　　寸：内径 2 厘米

拍卖时间：北京翰海 2010 年 6 月 6 日

　　　　　第 1879 号

估　　价：RMB 450,000 ~ 550,000

成 交 价：RMB 504,000

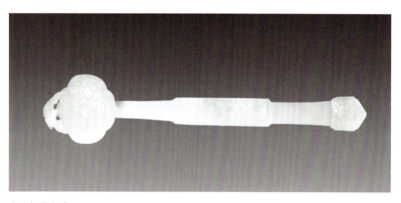

白玉福寿如意

年　　代：清中期

尺　　寸：长 39.5 厘米

拍卖时间：北京翰海 2010 年 6 月 6 日　第 1899 号

估　　价：RMB 800,000 ~ 1,000,000

成 交 价：RMB 896,000

黄玉嫩寒图箍

年　　代：清乾隆时期

尺　　寸：高 5.7 厘米

拍卖时间：北京翰海 2010 年 6 月 6 日

　　　　　第 1909 号

估　　价：RMB 300,000 ~ 360,000

成 交 价：RMB 347,200

白玉御制金刚杵

年　　代：清乾隆时期

尺　　寸：长 12 厘米

拍卖时间：北京翰海 2010 年 6 月 6 日　第 1910 号

估　　价：RMB 100,000 ~ 150,000

成 交 价：RMB 649,600

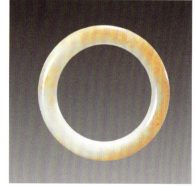

玉洒金手镯

年　　代：清中期

尺　　寸：内径 6 厘米

拍卖时间：北京翰海 2010 年 6 月 6 日

　　　　　第 1893 号

估　　价：RMB 30,000 ~ 50,000

成 交 价：RMB 61,600

白玉带皮鼻烟壶
年　　代：清代
尺　　寸：高7厘米
拍卖时间：杭州西泠印社
　　　　　2010年7月6日　第2861号
估　　价：RMB 20,000 ~ 40,000
成 交 价：RMB 24,640

翡翠毛笔
年　　代：清代
尺　　寸：笔杆长19.2厘米
拍卖时间：杭州西泠印社　2010年7月6日　第2930号
估　　价：RMB 10,000 ~ 20,000
成 交 价：RMB 20,160

水晶印泥盒
年　　代：清代
尺　　寸：高4.5厘米 长9厘米 宽9厘米
拍卖时间：杭州西泠印社
　　　　　2010年7月6日　第2853号
估　　价：RMB 12,000 ~ 20,000
成 交 价：RMB 16,800

巧色玛瑙摆件
年　　代：清代
尺　　寸：长16.4厘米 高6厘米
拍卖时间：杭州西泠印社　2010年07月6日　第2854号
估　　价：RMB 30,000 ~ 50,000
成 交 价：RMB 53,760

白玉双鱼摆件
年　　代：清代
尺　　寸：高65厘米 长10厘米 宽55厘米
拍卖时间：杭州西泠印社
　　　　　2010年7月6日　第2842号
估　　价：RMB 350,000 ~ 450,000
成 交 价：RMB 392,000

碧玉供器五件
年　　代：20世纪
尺　　寸：高49厘米　高53厘米　高53厘米
拍卖时间：巴黎苏富比 2010年10月19日　第46号
估　　价：EUR 70,000 ~ 90,000
成 交 价：EUR 420,750

白玉雕凤纹长宜子孙佩

款　　识：乾隆年制"款
年　　代：清乾隆时期
尺　　寸：长 13.7 厘米
拍卖时间：纽约佳士得 2010 年 9 月 16 日～9 月 17 日　第 1094 号
估　　价：USD 40,000 ～ 60,000
成 交 价：USD 290,500

碧玉雕双龙抢珠 刻顺治五年戊子汉满文玉版

年　　代：清 17 世纪
尺　　寸：长 28.5 厘米　宽 12.7 厘米
拍卖时间：纽约苏富比 2010 年 9 月 15 日　第 210 号
估　　价：USD 250,000 ～ 300,000
成 交 价：USD 386,500

白玉雕八卦如意纹方形盒

年　　代：不详
尺　　寸：长 6.6 厘米
拍卖时间：纽约佳士得 2010 年 9 月 16 日～17 日　第 1101 号
估　　价：USD 25,000 ～ 35,000
成 交 价：USD 182,500

白玉童子骑象吉祥如意件

年　　代：清乾隆时期
尺　　寸：长 14.5 厘米
拍卖时间：香港苏富比 2010 年 10 月 8 日　第 2617 号
估　　价：HKD 1,000,000 ～ 1,200,000
成 交 价：HKD 3,860,000

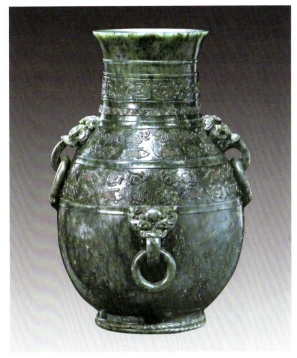

白玉穿莲赶珠游龙图双龙耳活环扁壶

年　　代：清乾隆时期

尺　　寸：高 20.6 厘米

拍卖时间：香港苏富比 2010 年 10 月 8 日　第 2628 号

估　　价：HKD 1,000,000 ~ 1,200,000

成 交 价：HKD 11,300,000

碧玉雕瑞兽鱼纹兽面活环壶

年　　代：清乾隆时期

尺　　寸：高 26.7 厘米

拍卖时间：纽约苏富比 2010 年 9 月 15 日　第 375 号

估　　价：USD 350,000 ~ 450,000

成 交 价：USD 422,500

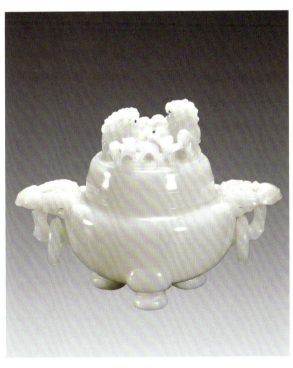

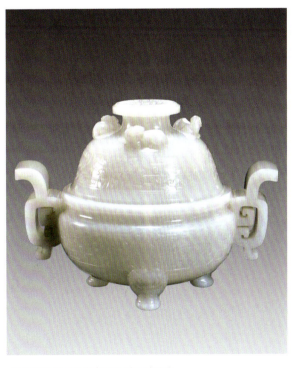

白玉双灵芝耳活环狮钮三足盖炉

年　　代：清代

尺　　寸：通径 16.5 厘米

拍卖时间：香港苏富比 2010 年 10 月 8 日　第 2722 号

估　　价：HKD 2,000,000 ~ 3,000,000

成 交 价：HKD 3,140,000

白玉饕餮纹三羊启泰图双耳三足盖炉

年　　代：清乾隆时期

尺　　寸：通径 21 厘米

拍卖时间：香港苏富比 2010 年 10 月 8 日　第 2609 号

估　　价：HKD 8,500,000 ~ 10,000,000

成 交 价：HKD 10,180,000

白玉庆寿图圆圈插屏

年　　代：清乾隆时期

尺　　寸：直径24.1厘米

拍卖时间：香港佳士得 2010 年 12 月 1 日　第 3006 号

估　　价：HKD 6,000,000 ～ 8,000,000

成 交 价：HKD 11,860,000

御制白玉饕餮纹花觚

年　　代：清乾隆时期

尺　　寸：高 25.3 厘米

拍卖时间：香港佳士得 2010 年 12 月 1 日　第 3059 号

估　　价：HKD 5,000,000 ～ 8,000,000

成 交 价：HKD 9,380,000

白玉供器三件

年　　代：清 19 世纪

尺　　寸：高 12.5 厘米

拍卖时间：巴黎苏富比　2010 年 10 月 19 日　第 32 号

估　　价：EUR 18,000 ～ 22,000

成 交 价：EUR 186,750

白玉双童耳洗

年　　代：清乾隆时期

尺　　寸：宽 16 厘米

拍卖时间：香港佳士得　2010 年 12 月 1 日　第 3025 号

估　　价：HKD 3,000,000 ～ 5,000,000

成 交 价：HKD 6,020,000

白玉雕双龙纹狮耳术环觥
年　　代：清 19 世纪
尺　　寸：高 19 厘米
拍卖时间：巴黎苏富比 2010 年 10 月 19 日
　　　　　第 43 号
估　　价：EUR 25,000 ~ 35,000
成 交 价：EUR 210,750

翡翠浮雕莲花纹香熏
年　　代：清晚期
尺　　寸：高 18 厘米
拍卖时间：伦敦苏富比 2010 年 11 月 10 日
　　　　　第 212 号
估　　价：GBP 40,000 ~ 60,000
成 交 价：GBP 265,250

灰白玉三阳开泰山子
年　　代：清 19 世纪
尺　　寸：长 10 厘米
拍卖时间：巴黎苏富比 2010 年 10 月 19 日
　　　　　第 40 号
估　　价：EUR 4,000 ~ 6,000
成 交 价：EUR 174,750

御制白玉卧鹿
年　　代：清乾隆时期
尺　　寸：长 20.5 厘米
拍卖时间：巴黎 Woolley&Wallis　2010 年 11 月 17 日 第 340 号
成 交 价：GBP 3,824,000

碧玉雕海水龙纹洗
年　　代：清乾隆时期
尺　　寸：直径 27 厘米
拍卖时间：伦敦苏富比 2010 年 11 月 10 日
　　　　　第 316 号
估　　价：GBP 60,000 ~ 80,000
成 交 价：GBP 229,250

御制碧玉卧狮
年　　代：清乾隆时期
尺　　寸：长 20 厘米
拍卖时间：巴黎 Woolley&Wallis
　　　　　2010 年 11 月 17 日　第 342 号
估　　价：GBP 200,000 ~ 300,000
成 交 价：GBP 525,800

御制青玉云龙洗

年　　代：明代至清代
尺　　寸：长 37.5 厘米
拍卖时间：巴黎 Woolley&Wallis
　　　　　2010 年 11 月 17 日
　　　　　第 343 号
成 交 价：GBP 2,390,000

如意纹水晶洗

年　　代：清乾隆时期
尺　　寸：长 14 厘米
拍卖时间：嘉德 2010 年 11 月 21 日
　　　　　第 2296 号
估　　价：RMB 250,000 ~ 350,000
成 交 价：RMB 280,000

御题诗白玉扳指

年　　代：清乾隆时期
尺　　寸：高 2.3 厘米
拍卖时间：嘉德 2010 年 11 月 21 日
　　　　　第 2297 号
估　　价：RMB 200,000 ~ 300,000
成 交 价：RMB 425,000

御制碧玉雕马远四皓图山子

年　　代：清乾隆时期
尺　　寸：宽 80 厘米
拍卖时间：香港佳士得 2010 年 12 月 1 日
　　　　　第 3090 号
估　　价：HKD 5,000,000 ~ 8,000,000
成 交 价：HKD 5,660,000

青玉饕餮纹谷纹璧

尺　　寸：清乾隆时期
尺　　寸：直径 16.2 厘米
拍卖时间：巴黎博桑 2010 年 11 月 19 日
　　　　　第 289 号
估　　价：EUR 6,000 ~ 8,000
成 交 价：EUR 334,584

白玉福寿吉祥海螺

年　　代：清 18 世纪
尺　　寸：长 20.3 厘米
拍卖时间：香港佳士得 2010 年 12 月 1 日
　　　　　第 2960 号
估　　价：HKD 3,500,000 ~ 5,000,000
成 交 价：HKD 15,780,500

白玉福寿双全如意

年　　代：清乾隆时期

尺　　寸：长 50 厘米

拍卖时间：嘉德 2010 年 11 月 21 日　第 2299 号

估　　价：RMB 1,200,000 ～ 1,800,000

成 交 价：RMB 2,576,000

白玉雕顾首龙形佩

年　　代：清乾隆时期

尺　　寸：长 6.7 厘米

拍卖时间：匡时 2010 年 12 月 4 日
　　　　　第 223 号

估　　价：RMB 280,000 ～ 320,000

成 交 价：RMB 358,400

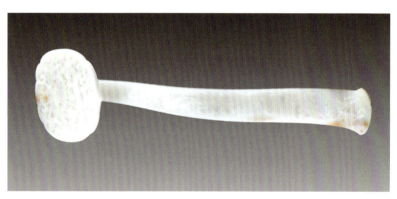

白玉跃龙戏珠远如意

年　　代：清乾隆时期

尺　　寸：长 48 厘米

拍卖时间：佳士得 2010 年 12 月 1 日　第 3028 号

估　　价：HKD 3,000,000 ～ 5,000,000

成 交 价：HKD 9,620,000

黄玉仿绳纹手串

年　　代：清乾隆时期

尺　　寸：长 23 厘米

拍卖时间：匡时 2010 年 12 月 4 日
　　　　　第 182 号

估　　价：RMB 400,000 ～ 480,000

成 交 价：RMB 504,000

白玉雕五老圆香筒

年　　代：清乾隆时期

尺　　寸：高 17.4 厘米

拍卖时间：香港佳士得 2010 年 12 月 1 日　第 3156 号

估　　价：HKD 350,000 ～ 550,000

成 交 价：HKD 5,060,000

白玉雕云龙纹双狮耳衔环盖炉

年　　代：清中期

尺　　寸：高 10.5 厘米

拍卖时间：匡时 2010 年 12 月 4 日
　　　　　第 191 号

估　　价：RMB 700,000 ～ 900,000

成 交 价：RMB 700,000

痕都斯坦式白玉叶子罐（舒思深伉俪藏）

年　　代：清 18 世纪

尺　　寸：宽 12.5 厘米

拍卖时间：香港佳士得 2010 年 12 月 1 日
　　　　　 第 2961 号

估　　价：HKD 900,000 ～ 1,500,000

成 交 价：HKD 4,220,000

白玉圆雕三多福寿摆件

年　　代：清乾隆时期

尺　　寸：长 14.3 厘米

拍卖时间：匡时 2010 年 12 月 4 日 第 307 号

估　　价：RMB 320,000 ～ 360,000

成 交 价：RMB 403,200

白玉雕祥龟献寿荷叶洗

年　　代：清代

尺　　寸：长 10 厘米

拍卖时间：匡时 2010 年 12 月 4 日
　　　　　 第 212 号

估　　价：RMB 55,000 ～ 65,000

成 交 价：RMB 134,400

白玉浮雕蝙龙纹方头发簪

年　　代：清中期

尺　　寸：长 9.7 厘米

拍卖时间：匡时 2010 年 12 月 4 日 第 309 号 A

估　　价：RMB 80,000 ～ 100,000

成 交 价：RMB 100,800

白玉雕和合二仙摆件

年　　代：清中期

尺　　寸：长 8.3 厘米

拍卖时间：匡时 2010 年 12 月 4 日
　　　　　 第 306 号

估　　价：RMB 250,000 ～ 280,000

成 交 价：RMB 358,400

白玉五毒纸镇

年　　代：清中期

尺　　寸：长 9.3 厘米

拍卖时间：匡时 2010 年 12 月 4 日 第 312 号

估　　价：RMB 500,000 ～ 550,000

成 交 价：RMB 616,000

白玉、黄玉、白玉带沁御题诗扳指（三件）
年　　代：清乾隆时期
尺　　寸：直径 2.8 厘米
拍卖时间：北京保利 2010 年 12 月 5 日　第 4660 号
估　　价：RMB 1,000,000 ~ 1,500,000
成 交 价：RMB 1,120,000

玉雕四神虎妞 "怡亲王宝" 玺
年　　代：清雍正时期
尺　　寸：高 4.5 厘米
拍卖时间：北京保利 2010 年 12 月 5 日　第 4739 号
估　　价：RMB 600,000 ~ 800,000
成 交 价：RMB 1,075,200

巧色玛瑙童子持梅佩
年　　代：清中期
尺　　寸：高 5.5 厘米
拍卖时间：匡时 2010 年 12 月 4 日　第 196 号
估　　价：RMB 25,000 ~ 30,000
成 交 价：RMB 58,240

白玉蝉
年　　代：清中期
尺　　寸：高 5.8 厘米
拍卖时间：北京翰海 2010 年 12 月 12 日　第 2442 号
估　　价：RMB 40,000 ~ 60,000
成 交 价：RMB 145,600

白玉雕八吉祥纹莲蓬钮盖碗

年　　代：清乾隆时期
尺　　寸：直径 13 厘米
拍卖时间：香港佳士得 2010 年 12 月 1 日　第 3024 号
估　　价：HKD 4,000,000 ~ 6,000,000
成 交 价：HKD 19,140,000

白玉万年如意奁

年　　代：清乾隆时期
尺　　寸：直径 14.7 厘米
拍卖时间：佳士得 20100 年 12 月 1 日　第 3007 号
估　　价：HKD 7,000,000 ~ 9,000,000
成 交 价：HKD 18,020,000

白玉手镯（一对）

年　　代：清中期
尺　　寸：直径 7.8 厘米
拍卖时间：匡时 2010 年 12 月 4 日　第 311 号
估　　价：RMB 15,000 ~ 18,000
成 交 价：RMB 156,800

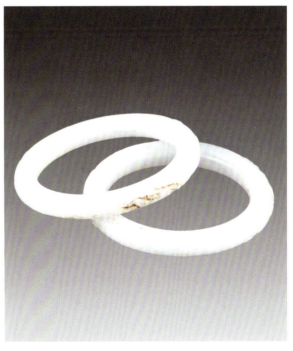

白玉瑞兽衔如意镯（一对）

年　　代：清中期
尺　　寸：直径 7.8 厘米
拍卖时间：匡时 2010 年 12 月 4 日　第 310 号
估　　价：RMB 100,000 ~ 120,000
成 交 价：RMB 224,000

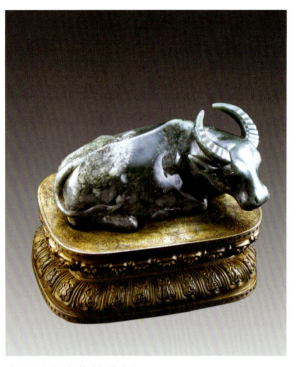

碧玉圆雕卧牛摆件连铜鎏金座
年　　代：清中期
尺　　寸：长 21 厘米
拍卖时间：匡时 2010 年 12 月 4 日　第 337 号
估　　价：RMB 1,000,000 ~ 1,200,000
成 交 价：RMB 1,456,000

青玉圆雕卧牛摆件
年　　代：清中期
尺　　寸：长 19 厘米
拍卖时间：匡时 2010 年 12 月 4 日　第 355 号
估　　价：RMB 180,000 ~ 220,000
成 交 价：RMB 224,000

白玉四喜八宝活环耳奁
年　　代：清乾隆时期
尺　　寸：直径 16.5 厘米
拍卖时间：佳士得 2010 年 12 月 1 日　第 3026 号
估　　价：HKD 3,800,000 ~ 4,500,000
成 交 价：HKD 11,300,000

白玉羊首奁
年　　代：清乾隆时期
尺　　寸：宽 15.7 厘米
拍卖时间：香港佳士得 2010 年 12 月 1 日　第 3030 号
估　　价：HKD 4,000,000 ~ 6,000,000
成 交 价：HKD 9,020,000

玉各式印章（一组）

年　　代：明代至清代

尺　　寸：不等

拍卖时间：匡时 2010 年 12 月 4 日　第 366 号

估　　价：RMB 55,000 ~ 65,000

成 交 价：RMB 56,000

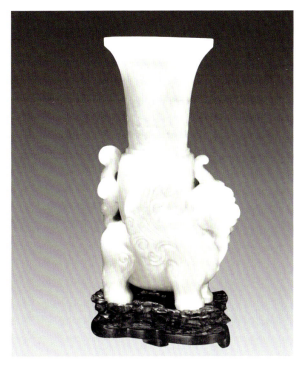

白玉雕仿青铜瑞兽尊

年　　代：清乾隆时期

尺　　寸：高 18 厘米

拍卖时间：匡时 2010 年 12 月 4 日　第 114 号

估　　价：RMB 1,000,000 ~ 1,200,000

成 交 价：RMB 1,232,000

白玉百寿环耳瓶

年　　代：清中期

尺　　寸：高 21.3 厘米

拍卖时间：匡时 2010 年 12 月 4 日　第 358 号

估　　价：RMB 500,000 ~ 550,000

成 交 价：RMB 616,000

白玉雕夔龙纹双象耳衔环瓶

年　　代：清乾隆时期

尺　　寸：高 19.8 厘米

拍卖时间：匡时 2010 年 12 月 4 日　第 115 号

估　　价：RMB 2,800,000

成 交 价：RMB 4,480,000

白玉圆雕双马摆件
年　　代：清代
尺　　寸：长 8.5 厘米
拍卖时间：匡时 2010 年 12 月 4 日
　　　　　第 194 号
估　　价：RMB 40,000 ~ 45,000
成 交 价：RMB 56,000

白玉御制梅花诗文扳指并御制牡丹诗文
套盒
年　　代：清乾隆时期
尺　　寸：直径 2.9 厘米　直径 4 厘米
拍卖时间：匡时 2010 年 12 月 4 日 第 117 号
估　　价：RMB 600,000 ~ 800,000
成 交 价：RMB 784,000

白玉绳纹小洗
年　　代：清乾隆时期
尺　　寸：直径 4.1 厘米
拍卖时间：北京保利 2010 年 12 月 5 日
　　　　　第 4654 号
估　　价：RMB 250,000 ~ 350,000
成 交 价：RMB 448,000

白玉雕荷莲飞鸟盖瓶
年　　代：清乾隆时期
尺　　寸：高 23 厘米
拍卖时间：匡时 2010 年 12 月 4 日 第 121 号
估　　价：RMB 3,200,000
成 交 价：RMB 4,256,000

御制白玉雕如意常青松枝瑞鼠纹笔筒
年　　代：清乾隆时期
尺　　寸：高 15 厘米
拍卖时间：匡时 2010 年 12 月 4 日
　　　　　第 120 号
估　　价：RMB 20,000,000 ~ 22,000,000
成 交 价：RMB 25,200,000

御制白玉"安石月晖"牌
年　　代：清乾隆时期
尺　　寸：长 4.6 厘米
拍卖时间：北京保利 2010 年 12 月 5 日
　　　　　第 4664 号
估　　价：RMB 2,000,000 ~ 3,000,000
成 交 价：RMB 4,480,000

白玉花卉双蝶耳游环洗
年　　代：清乾隆时期
尺　　寸：宽26厘米
拍卖时间：北京保利 2010 年 12 月 5 日
　　　　　第 4727 号
估　　价：RMB 3,800,000 ~ 5,800,000
成 交 价：RMB 5,600,000

白玉兽面双环耳洗
年　　代：清乾隆时期
尺　　寸：直径 19.5 厘米
拍卖时间：北京保利 2010 年 12 月 5 日
　　　　　第 4728 号
估　　价：RMB 2,500,000 ~ 3,500,000
成 交 价：RMB 3,360,000

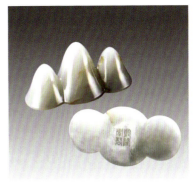

白玉小笔山
年　　代：清乾隆时期
尺　　寸：长 6.4 厘米
拍卖时间：北京保利 2010 年 12 月 5 日
　　　　　第 4653 号
估　　价：RMB 250,000 ~ 350,000
成 交 价：RMB 470,400

白玉"周甲延禧之宝"宝玺
年　　代：清嘉庆时期
尺　　寸：长 3 厘米
拍卖时间：北京保利 2010 年 12 月 5 日
　　　　　第 4737 号
估　　价：RMB 1,500,000 ~ 2,000,000
成 交 价：RMB 3,136,000

白玉留皮梅花洗
年　　代：清乾隆时期
尺　　寸：长 16.5 厘米
拍卖时间：北京保利 2010 年 12 月 5 日
　　　　　第 4724 号
估　　价：RMB 1,800,000 ~ 2,800,000
成 交 价：RMB 2,464,000

"吉庆有余"玉摆件（一对）
年　　代：清中期
尺　　寸：高 36.5 厘米
拍卖时间：匡时 2010 年 12 月 4 日　第 119 号
估　　价：RMB 800,000 ~ 1,000,000
成 交 价：RMB 1,097,600

白玉瑞兽摆件

年　　代：清乾隆时期
尺　　寸：长 10 厘米
拍卖时间：北京保利 2010 年 12 月 5 日　第 4714 号
估　　价：RMB 500,000 ~ 800,000
成 交 价：RMB 1,512,000

白玉卧牛

年　　代：清乾隆时期
尺　　寸：长 11.5 厘米
拍卖时间：北京保利 2010 年 12 月 5 日　第 4716 号
估　　价：RMB 1,200,000 ~ 1,800,000
成 交 价：RMB 1,344,000

青白玉十二章圭

年　　代：清乾隆时期
尺　　寸：高 16.5 厘米
拍卖时间：北京保利 2010 年 12 月 5 日　第 4721 号
估　　价：RMB 1,000,000 ~ 1,500,000
成 交 价：RMB 1,792,000

青白玉海水龙纹烛台

年　　代：清乾隆时期
尺　　寸：高 14.5 厘米
拍卖时间：北京保利 2010 年 12 月 5 日　第 4655 号
估　　价：RMB 300,000 ~ 500,000
成 交 价：RMB 336,000

玛瑙巧作心猿意马佩

年　　代：清代
尺　　寸：高 4.5 厘米
拍卖时间：北京翰海 2010 年 12 月 12 日
　　　　　第 3247 号
估　　价：RMB 80,000 ~ 100,000
成 交 价：RMB 95,200

翡翠雕双鱼纹鼻烟壶

年　　代：清代
尺　　寸：高 5.7 厘米
拍卖时间：北京翰海 2010 年 12 月 12 日
　　　　　第 3273 号
估　　价：RMB 120,000 ~ 150,000
成 交 价：RMB 134,400

白玉仙人婴戏图圆形插屏

年　　代：清乾隆时期
尺　　寸：直径 21 厘米
拍卖时间：北京保利 2010 年 12 月 5 日　第 4726 号
估　　价：RMB 3,500,000 ~ 5,500,000
成 交 价：RMB 6,160,000

白玉大吉、天喜插牌

年　　代：清乾隆时期
尺　　寸：高 31 厘米
拍卖时间：匡时 2010 年 12 月 4 日　第 122 号
估　　价：RMB 1,000,000 ~ 1,200,000
成 交 价：RMB 1,344,000

玉佛手

年　　代：清中期

尺　　寸：长 9.2 厘米

拍卖时间：北京翰海 2010 年 12 月 12 日
　　　　　第 2468 号

估　　价：RMB 280,000 ～ 380,000

成 交 价：RMB 313,600

翡翠雕夔龙出戟鼎式炉

年　　代：清中期

尺　　寸：高 19.8 厘米

拍卖时间：北京翰海 2010 年 12 月 12 日　第 3299 号

估　　价：RMB 800,000 ～ 1,000,000

成 交 价：RMB 1,176,000

白玉荷叶形洗

年　　代：清中期

尺　　寸：长 14 厘米

拍卖时间：北京翰海 2010 年 12 月 12 日
　　　　　第 2471 号

估　　价：RMB 900,000 ～ 1,200,000

成 交 价：RMB 1,008,000

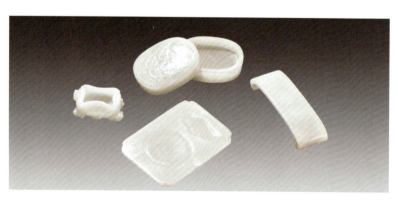

白玉文房一组（四件）

年　　代：清中期

尺　　寸：长 4 厘米至 8.2 厘米

拍卖时间：北京翰海 2010 年 12 月 12 日　第 2452 号

估　　价：RMB 120,000 ～ 160,000

成 交 价：RMB 179,200

白玉龙凤纹砚滴

年　　代：清中期

尺　　寸：高 8.6 厘米

拍卖时间：北京翰海 2010 年 12 月 12 日
　　　　　第 2469 号

估　　价：RMB 150,000 ～ 250,000

成 交 价：RMB 302,400

白玉兽面双耳衔环盖瓶

年　　代：清中期

尺　　寸：高 17 厘米

拍卖时间：北京翰海 2010 年 12 月 12 日
　　　　　第 3126 号

估　　价：RMB 250,000 ~ 350,000

成 交 价：RMB 358,000

翡翠手镯（二件）

年　　代：清代

尺　　寸：内直径 5.5 厘米

拍卖时间：北京翰海 2010 年 12 月 12 日
　　　　　第 3249 号

估　　价：RMB 300,000 ~ 500,000

成 交 价：RMB 336,000

白玉兽耳衔环三足炉

年　　代：清乾隆时期

尺　　寸：高 19 厘米

拍卖时间：北京翰海 2010 年 12 月 12 日　第 3127 号

估　　价：RMB 800,000 ~ 1,200,000

成 交 价：RMB 2,912,000

白玉双耳小瓶（二件）

年　　代：清代

尺　　寸：高 7.5 厘米

拍卖时间：北京翰海 2010 年 12 月 12 日
　　　　　第 3140 号

估　　价：RMB 120,000 ~ 150,000

成 交 价：RMB 246,000

白玉碗（一对）

年　　代：清乾隆时期

尺　　寸：直径 13.3 厘米

拍卖时间：北京保利 2010 年 12 月 5 日　第 4656 号

估　　价：RMB 1,200,000 ~ 1,800,000

成 交 价：RMB 1,568,000

翡翠雕夔龙纹盖瓶
年　　代：清中期
尺　　寸：高 21 厘米
拍卖时间：北京保利 2010 年 12 月 5 日
　　　　　第 4731 号
估　　价：RMB 4,000,000 ~ 6,000,000
成 交 价：RMB 5,040,000

翡翠雕折枝花果兽耳衔环瓶
年　　代：清乾隆时期
尺　　寸：高 31 厘米
拍卖时间：北京保利 2010 年 12 月 5 日
　　　　　第 4732 号
估　　价：RMB 600,000 ~ 800,000
成 交 价：RMB 4,256,000

白玉兽面纹四象耳方瓶
款　　识："大清乾隆仿古"款
年　　代：清乾隆时期
尺　　寸：高 22 厘米
拍卖时间：台北宇珍 2010 年 12 月 11 日
　　　　　第 143 号
估　　价：TWD 1,200,000 ~ 2,200,000
成 交 价：TWD 56,900,000

水晶猫蝶兽耳衔环瓶
年　　代：清代
尺　　寸：高 26.5 厘米
拍卖时间：北京翰海 2010 年 12 月 12 日
　　　　　第 3125 号
估　　价：RMB 80,000 ~ 120,000
成 交 价：RMB 168,000

白玉雕倭角梅花纹瓶
年　　代：清中期
尺　　寸：高 17.2 厘米
拍卖时间：北京翰海 2010 年 12 月 12 日
　　　　　第 2476 号
估　　价：RMB 1,500,000 ~ 1,800,000
成 交 价：RMB 1,680,000

白玉携琴访友双耳衔环链式瓶
年　　代：清代
尺　　寸：高 24 厘米
拍卖时间：北京翰海 2010 年 12 月 12 日
　　　　　第 2478 号
估　　价：RMB 500,000 ~ 700,000
成 交 价：RMB 616,000

痕都斯坦白玉雷耳罐

年　　代：清 17 至 18 世纪

尺　　寸：宽 15 厘米

拍卖时间：香港佳士得 2010 年 12 月 1 日
　　　　　第 3060 号

估　　价：HKD 2,000,000 ~ 3,000,000

成 交 价：HKD 10,180,000

黄玉雕饕餮纹炉

年　　代：清中期

尺　　寸：长 9.3 厘米

拍卖时间：匡时 2010 年 12 月 4 日
　　　　　第 313 号

估　　价：RMB 350,000 ~ 380,000

成 交 价：RMB 425,600

白玉雕双狮钮兽首衔环三足炉

年　　代：清中期

尺　　寸：长 16 厘米

拍卖时间：匡时 2010 年 12 月 4 日
　　　　　第 322 号

估　　价：RMB 600,000 ~ 800,000

成 交 价：RMB 806,400

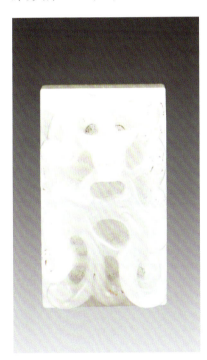

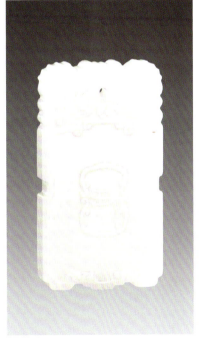

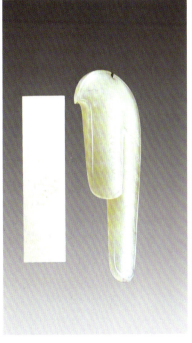

白玉螭龙纹印章

年　　代：清中期

尺　　寸：长 3.2 厘米

拍卖时间：匡时 2010 年 12 月 4 日
　　　　　第 370 号

估　　价：RMB 500,000 ~ 550,000

成 交 价：RMB 616,000

白玉雕生肖牌

年　　代：清代

尺　　寸：高 5.5 厘米

拍卖时间：匡时 2010 年 12 月 4 日
　　　　　第 219 号

估　　价：RMB 40,000 ~ 45,000

成 交 价：RMB 98,560

养和堂款携琴访友图黄玉别子

年　　代：清乾隆时期

尺　　寸：长 9 厘米

拍卖时间：匡时 2010 年 12 月 4 日
　　　　　第 304 号

估　　价：RMB 500,000 ~ 550,000

成 交 价：RMB 582,000

白玉陶渊明赏菊佩

年　　代：清中期

尺　　寸：高5厘米

拍卖时间：北京翰海2010年12月12日
　　　　　第2544号

估　　价：RMB 450,000 ~ 550,000

成 交 价：RMB 504,000

白玉童子献宝佩

年　　代：清代

尺　　寸：高7厘米

拍卖时间：北京翰海2010年12月12日
　　　　　第2545号

估　　价：RMB 150,000 ~ 250,000

成 交 价：RMB 1,344,000

白玉天干地支佩

年　　代：清中期

尺　　寸：高7.7厘米

拍卖时间：北京翰海2010年12月12日
　　　　　第2557号

估　　价：RMB 280,000 ~ 380,000

成 交 价：RMB 369,600

白玉雕双鸟衔枝双耳链式盖炉

年　　代：清代

尺　　寸：高19.7厘米

拍卖时间：北京翰海2010年12月12日
　　　　　第2585号

估　　价：RMB 2,000,000 ~ 3,000,000

成 交 价：RMB 4,368,000

青白玉弦纹兽耳衔环瓶

年　　代：清中期

尺　　寸：高15厘米

拍卖时间：北京翰海2010年12月12日
　　　　　第2617号

估　　价：RMB 350,000 ~ 450,000

成 交 价：RMB 392,000

黄玉仕女

年　　代：清中期

尺　　寸：高9.5厘米

拍卖时间：北京翰海2010年12月12日
　　　　　第2510号

估　　价：RMB 120,000 ~ 150,000

成 交 价：RMB 380,800

青玉胡人祥瑞摆件

年　　代：清中期

尺　　寸：高 10.3 厘米

拍卖时间：北京翰海 2010 年 12 月 12 日　第 2587 号

估　　价：RMB 600,000 ~ 800,000

成 交 价：RMB 672,000

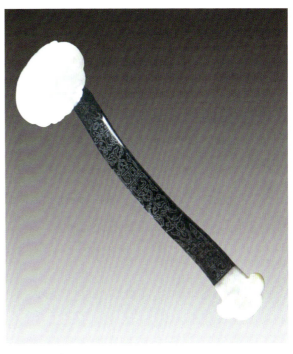

紫檀柄玉如意

年　　代：清代

尺　　寸：长 39.2 厘米

拍卖时间：杭州西泠印社 2010 年 12 月 14 日　第 2766 号

估　　价：RMB 200,000 ~ 260,000

成 交 价：RMB 224,000

痕都斯坦玉雕花卉纹碗

年　　代：清中期

尺　　寸：直径 13.5 厘米

拍卖时间：北京翰海 2010 年 12 月 12 日　第 2614 号

估　　价：RMB 600,000 ~ 800,000

成 交 价：RMB 694,400

白玉罗汉持经山子

年　　代：清中期

尺　　寸：高 19.3 厘米

拍卖时间：北京翰海 2010 年 12 月 12 日　第 2531 号

估　　价：RMB 3,800,000 ~ 5,000,000

成 交 价：RMB 4,368,000

白玉描金仙人乘槎砚屏

年　　代：清中期

尺　　寸：长 17.5 厘米

拍卖时间：北京翰海 2010 年 12 月 12 日　第 2626 号

估　　价：RMB 80,000 ~ 120,000

成 交 价：RMB 2,016,000

白玉童子乘槎砚屏

年　　代：清乾隆时期

尺　　寸：通高 21.8 厘米 屏心高 10.6 厘米 屏心宽 12.6 厘米

源　　流：日本浅野家族收藏

拍卖时间：杭州西泠印社 2010 年 12 月 14 日　第 2763 号

估　　价：RMB 160,000 ~ 200,000

成 交 价：RMB 179,200

白玉带皮扳指

年　　代：清代

尺　　寸：高 2.5 厘米　直径 3.2 厘米

拍卖时间：杭州西泠印社 2010 年 12 月 14 日　第 2765 号

估　　价：RMB 60,000 ~ 80,000

成 交 价：RMB 72,800

碧玉西园雅集圆笔筒
年　　代：清 18 至 19 世纪
尺　　寸：高 21 厘米
拍卖时间：巴黎佳士得 2010 年 12 月 15 日 106 号
估　　价：EUR 150,000 ~ 200,000
成 交 价：EUR 3,313,000

青玉百子圆笔筒
年　　代：清 18 世纪
尺　　寸：高 14.8 厘米
拍卖时间：纽约苏富比 2011 年 3 月 23 日　第 612 号
估　　价：USD 300,000 ~ 400,000
成 交 价：USD 1,538,500

碧玉御题后赤壁图插屏
年　　代：清乾隆时期
尺　　寸：14.2 厘米 ×4.6 厘米
拍卖时间：巴黎苏富比 2010 年 12 月 16 日 第 211 号
估　　价：EUR 100,000 ~ 150,000
成 交 价：EUR 384,750

仿古青玉嵌宝石

年　　代：清乾隆时期
尺　　寸：宽15.3厘米
拍卖时间：苏富比 2011 年 3 月 23 日
　　　　　第 610 号
估　　价：USD 70,000 ～ 90,000
成 交 价：USD 1,650,500

白玉如意蝠纹渣斗

年　　代：清 18 世纪
尺　　寸：11.7 厘米
拍卖时间：苏富比 2011 年 3 月 23 日
　　　　　第 608 号
估　　价：USD 25,000 ～ 35,000
成 交 价：USD 230,500

痕都斯坦玉杯

年　　代：清代
尺　　寸：高 7 厘米 直径 9.6 厘米
拍卖时间：杭州西泠印社 2010 年 12 月 14 日
　　　　　第 2826 号
估　　价：RMB 50,000 ～ 80,000
成 交 价：RMB 56,000

青玉雕人物泛舟

年　　代：清 18 至 19 世纪
尺　　寸：长 29 厘米
拍卖时间：巴黎佳士得
　　　　　2010 年 12 月 15 日　第 101 号
估　　价：EUR 15,000 ～ 20,000
成 交 价：EUR 145,000

仿古双璧摆件

年　　代：清代
尺　　寸：长 31 厘米
拍卖时间：纽约苏富比
　　　　　2011 年 3 月 22 日　第 81 号
估　　价：USD 10,000 ～ 15,000
成 交 价：USD 434,500

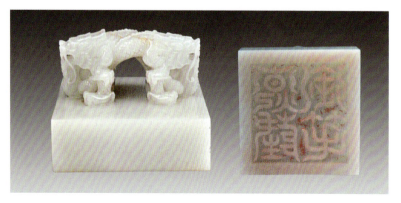

乾隆玉玺

年　　代：清乾隆时期
尺　　寸：99 厘米 ×98.5 厘米
拍卖时间：巴黎 Chassaing—Marabat
　　　　　2011 年 3 月 26 日　第 17 号
估　　价：EUR 10,000,000
成 交 价：EUR 12,393,196

白玉北斗圆三连环

年　　代：清乾隆时期

尺　　寸：11.6 厘米

拍卖时间：香港苏富比 2011 年 4 月 8 日
　　　　　第 2804 号

估　　价：HKD 1,200,000 ~ 1,500,000

成 交 价：HKD 2,420,500

白玉玉莲瓣观音赞御制诗山子

年　　代：清乾隆时期

尺　　寸：11 厘米

拍卖时间：香港苏富比 2011 年 4 月 8 日
　　　　　第 2838 号

估　　价：HKD 1,500,000 ~ 2,500,000

成 交 价：HKD 7,220,000

白玉饕餮纹兽流带盖执壶

年　　代：清乾隆时期

尺　　寸：高 18 厘米

拍卖时间：香港苏富比 2011 年 4 月 8 日
　　　　　第 3228 号

估　　价：HKD 3,500,000 ~ 5,500,000

成 交 价：HKD 7,820,000

青白玉童子牧牛

年　　代：17 世纪晚期

尺　　寸：11 厘米

拍卖时间：香港苏富比 2011 年 4 月 8 日
　　　　　第 3210 号

估　　价：HKD 3,000,000 ~ 5,000,000

成 交 价：HKD 9,380,000

碧玉雕御题鸡雏待饲图御制诗山子

年　　代：清乾隆时期

尺　　寸：26.3 厘米

拍卖时间：香港苏富比 2011 年 4 月 8 日
　　　　　第 2812 号

估　　价：HKD 2,000,000 ~ 3,000,000

成 交 价：HKD 3,140,000

白玉龙纹菊瓣耳活环碗

年　　代：清乾隆时期

尺　　寸：宽 24.3 厘米

拍卖时间：伦敦佳士得 2011 年 5 月 10 日
　　　　　第 18 号

估　　价：GBP 300,000 ~ 500,000

成 交 价：GBP 361,250

白玉雕四君子笔筒
年　　代：清18世纪
尺　　寸：高10.5厘米
拍卖时间：纽约佳士得 2011 年 3 月 25 日　第 1469 号
估　　价：USD 4,000 ~ 6,000
成 交 价：USD 482,500

青白玉兽耳活环饕餮纹四方瓶
年　　代：清18世纪
尺　　寸：高25.5厘米
拍卖时间：纽约佳士得 2011 年 3 月 25 日　第 1496 号
估　　价：USD 80,000 ~ 120,000
成 交 价：USD 1,314,500

灰白玉巧雕松鹤寿星山子
年　　代：清18世纪
尺　　寸：16.8厘米
拍卖时间：纽约佳士得 2011 年 3 月 25 日　第 1508 号
估　　价：USD 250,000 ~ 350,000
成 交 价：USD 458,000

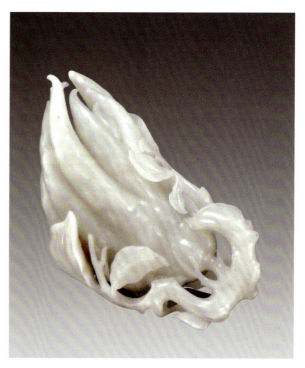

白玉佛手
年　　代：清乾隆时期
尺　　寸：长19.5厘米
拍卖时间：纽约佳士得 2011 年 3 月 25 日　第 1557 号
估　　价：USD 150,000 ~ 250,000
成 交 价：USD 386,500

御制白玉云龙戏珠纹扁壶
年　　代：清乾隆时期
尺　　寸：高 18.1 厘米
拍卖时间：伦敦佳士得 2011 年 5 月 10 日　第 118 号
估　　价：GBP 60,000 ~ 80,000
成 交 价：GBP 769,250

白玉羲之爱鹅圆笔筒
年　　代：清 18 世纪
尺　　寸：直径 14 厘米
拍卖时间：香港苏富比 2011 年 4 月 8 日　第 3217 号
估　　价：HKD 4,000,000 ~ 6,000,000
成 交 价：HKD 12,980,000

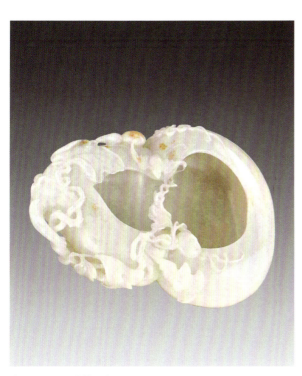

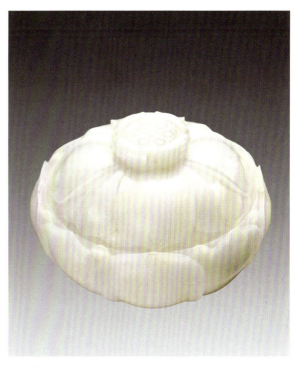

青白玉双蝠纹葫芦形洗
年　　代：清乾隆时期
尺　　寸：长 23.5 厘米
拍卖时间：伦敦佳士得 2011 年 5 月 10 日　第 28 号
估　　价：GBP 100,000 ~ 150,000
成 交 价：GBP 1,721,250

白玉莲花形盖碗
年　　代：清 18 至 19 世纪
尺　　寸：直径 13 厘米
拍卖时间：伦敦邦瀚斯 2011 年 5 月 12 日　第 87 号
估　　价：GBP 15,000 ~ 20,000
成 交 价：GBP 240,000

浅青玉螭龙凤耳活环三足角杯

年　　代：清 19 世纪
尺　　寸：高 22.8 厘米
拍卖时间：伦敦苏富比 2011 年 5 月 11 日　第 187 号
估　　价：GBP 50,000 ~ 70,000
成 交 价：GBP 433,250

白玉龙耳活环灵芝纹双莲瓶

年　　代：清乾隆时期
尺　　寸：19 厘米　23.5 厘米
拍卖时间：伦敦 Woolley &Walls 2011 年 5 月 18 日　第 469 号
估　　价：GBP 100,000 ~ 20,000
成 交 价：GBP 1,224,000

御制白玉茶壶

年　　代：清乾隆时期
尺　　寸：11.8 厘米
拍卖时间：伦敦 Woolley & Walls 2011 年 5 月 18 日　第 471 号
估　　价：GBP 200,000 ~ 300,000
成 交 价：GBP 2,100,000

白玉狮子戏球

年　　代：清中期
尺　　寸：长 5 厘米
拍卖时间：北京翰海 2011 年 5 月 21 日　第 2504 号
估　　价：RMB 120,000 ~ 150,000
成 交 价：不详

玉天鸡瓶
年　　代：清中期
尺　　寸：高 24.5 厘米
拍卖时间：北京翰海 2011 年 5 月 21 日　第 2610 号
估　　价：RMB 1,500,000 ～ 1,800,000
成 交 价：RMB 1,610,000

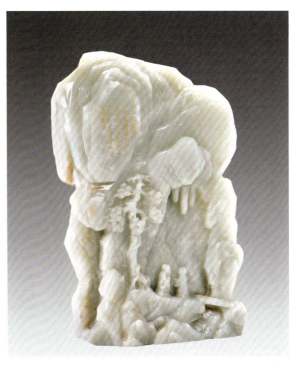

青白玉山水人物诗文山子
年　　代：清中期
尺　　寸：高 24 厘米
拍卖时间：北京翰海 2011 年 5 月 21 日　第 2611 号
估　　价：RMB 4,500,000 ～ 5,500,000
成 交 价：RMB 5,175,000

玉兽面纹出戟提梁卣
年　　代：清中期
尺　　寸：高 17.5 厘米
拍卖时间：北京翰海 2011 年 5 月 21 日　第 2622 号
估　　价：RMB 400,000 ～ 600,000
成 交 价：RMB 460,000

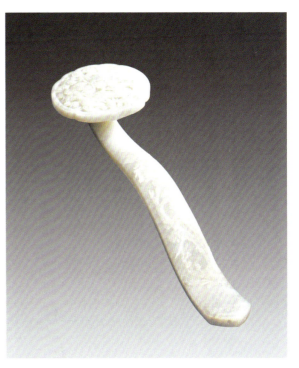

白玉雕升龙五蝠兆庆如意
年　　代：清乾隆时期
尺　　寸：长 43.5 厘米
拍卖时间：中国嘉德 2011 年 5 月 22 日　第 3552 号
估　　价：RMB 6,000,000 ～ 8,000,000
成 交 价：RMB 20,700,000

白玉凤衔枝摆件
年　　代：清中期
尺　　寸：长 6.4 厘米
拍卖时间：北京翰海 2011 年 5 月 21 日
　　　　　第 2515 号
估　　价：RMB 90,000 ~ 120,000
成 交 价：RMB 126,500

白玉雕花印盒
年　　代：清代
尺　　寸：长 6 厘米
拍卖时间：北京翰海 2011 年 5 月 21 日
　　　　　第 2589 号
估　　价：RMB 50,000 ~ 70,000
成 交 价：RMB172,500

白玉红运当头盒（二件）
年　　代：清代
尺　　寸：长 7 厘米
拍卖时间：北京翰海 2011 年 5 月 21 日
　　　　　第 2554 号
估　　价：RMB 700,000 ~ 900,000
成 交 价：RMB 1,058,000

白玉描金楼阁花卉插屏（二件）
年　　代：清乾隆时期
尺　　寸：高 24 厘米
拍卖时间：北京翰海 2011 年 5 月 21 日　第 2599 号
估　　价：RMB 2,000,000 ~ 2,800,000
成 交 价：RMB 3,680,000

白玉三爵风雅佩
年　　代：清代
尺　　寸：高 6.2 厘米
拍卖时间：北京翰海 2011 年 5 月 21 日
　　　　　第 2588 号
估　　价：RMB 280,000 ~ 320,000
成 交 价：RMB 345,000

白玉雕八吉祥纹双凤衔环倭角洗
年　　代：清中期
尺　　寸：直径 19.5 厘米
拍卖时间：北京翰海 2011 年 5 月 21 日
　　　　　第 2598 号
估　　价：RMB 1,600,000 ~ 2,200,000
成 交 价：RMB 2,357,500

白玉透雕花卉双耳炉

年　　代：清中期

尺　　寸：高 12 厘米

拍卖时间：北京翰海 2011 年 5 月 21 日
　　　　　第 2602 号

估　　价：RMB 600,000 ~ 800,000

成 交 价：RMB 713,000

碧玉兽耳衔环三足炉

年　　代：清代

尺　　寸：高 11.4 厘米

拍卖时间：北京翰海 2011 年 5 月 21 日
　　　　　第 2603 号

估　　价：RMB 120,000 ~ 180,000

成 交 价：RMB 241,500

白玉嵌红宝石碗

年　　代：清乾隆时期

尺　　寸：直径 12.9 厘米

拍卖时间：北京翰海 2011 年 5 月 21 日
　　　　　第 2613 号

估　　价：RMB 250,000 ~ 350,000

成 交 价：RMB 598,000

青白玉兽面出戟双耳瓶

年　　代：清代

尺　　寸：高 23.8 厘米

拍卖时间：北京翰海 2011 年 5 月 21 日
　　　　　第 2608 号

估　　价：RMB 500,000 ~ 700,000

成 交 价：RMB 667,000

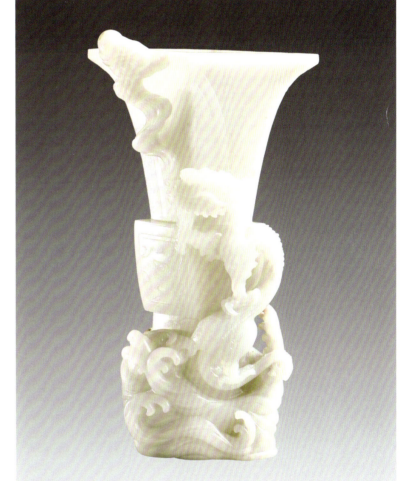

白玉瑞兽香熏

年　　代：清代

尺　　寸：高 14.5 厘米

拍卖时间：北京翰海 2011 年 5 月 21 日
　　　　　第 2601 号

估　　价：RMB 350,000 ~ 450,000

成 交 价：RMB 368,000

白玉雕海水云龙纹花觚

年　　代：清中期

尺　　寸：高 22.5 厘米

拍卖时间：北京翰海 2011 年 5 月 21 日　第 2609 号

估　　价：RMB 3,000,000 ~ 4,000,000

成 交 价：RMB 3,450,000

白玉留皮雕松鼠葡萄笔掭

年　　代：清中期

尺　　寸：长 15.8 厘米

拍卖时间：嘉德 2011 年 5 月 23 日

　　　　　第 3688 号

估　　价：RMB 60,000 ~ 80,000

成 交 价：RMB 78,200

白玉太平有象摆件

年　　代：清代

尺　　寸：高 10.5 厘米

拍卖时间：北京翰海 2011 年 5 月 21 日

　　　　　第 2644 号

估　　价：RMB 60,000 ~ 80,000

成 交 价：RMB 299,000

痕都斯坦玉雕菊瓣纹碗

年　　代：清乾隆时期

尺　　寸：直径 10.2 厘米

拍卖时间：北京翰海 2011 年 5 月 21 日 第 2615 号

估　　价：RMB 80,000 ~ 120,000

成 交 价：RMB 667,000

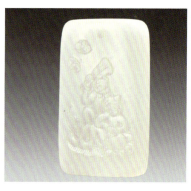

白玉童子戏蝶诗文佩

年　　代：清中期

尺　　寸：高 5.7 厘米

拍卖时间：北京翰海 2011 年 5 月 21 日

　　　　　第 2675 号

估　　价：RMB 500,000 ~ 600,000

成 交 价：RMB 690,000

白玉松鹤蝠纹洗

年　　代：清中期

尺　　寸：长 14.5 厘米

拍卖时间：嘉德 2011 年 5 月 23 日

　　　　　第 3690 号

估　　价：RMB 150,000 ~ 250,000

成 交 价：RMB 172,500

青白玉雕连年有余

年　　代：清代

尺　　寸：长 8.2 厘米

拍卖时间：嘉德 2011 年 5 月 23 日

　　　　　第 3708 号

估　　价：RMB 30,000 ~ 50,000

成 交 价：RMB 161,000

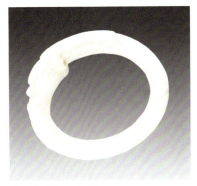

白玉绞丝纹双龙手镯

年　　代：清早期

尺　　寸：直径 5.1 厘米

拍卖时间：北京翰海 2011 年 5 月 21 日
　　　　　第 2628 号

估　　价：RMB 80,000 ~ 120,000

成 交 价：RMB 184,000

白玉鱼翁童子摆件

年　　代：清代

尺　　寸：高 8.6 厘米

拍卖时间：北京翰海 2011 年 5 月 21 日
　　　　　第 2642 号

估　　价：RMB 180,000 ~ 250,000

成 交 价：RMB 345,000

白玉雕葫芦形洗

年　　代：清乾隆时期

尺　　寸：长 13.3 厘米

拍卖时间：嘉德 2011 年 5 月 23 日　第 3697 号

估　　价：RMB 450,000 ~ 650,000

成 交 价：RMB 517,500

青白玉 "增花进爵" 牌

年　　代：清代

尺　　寸：高 6 厘米

拍卖时间：嘉德 2011 年 5 月 23 日
　　　　　第 3691 号

估　　价：RMB 18,000 ~ 28,000

成 交 价：RMB 126,500

青白玉双螭龙云文洗

年　　代：清代

尺　　寸：宽 16 厘米

拍卖时间：嘉德 2011 年 5 月 23 日
　　　　　第 3715 号

估　　价：RMB 650,000 ~ 750,000

成 交 价：RMB 747,500

白玉渔家乐摆件

年　　代：清中期

尺　　寸：长 18 厘米

拍卖时间：嘉德 2011 年 5 月 23 日
　　　　　第 3727 号

估　　价：RMB 160,000 ~ 260,000

成 交 价：RMB 345,000

白玉蓝花如意诗文牌

年　　代：清中期

尺　　寸：高 6.8 厘米

拍卖时间：嘉德 2011 年 5 月 23 日　第 3700 号

估　　价：RMB 80,000 ～ 120,000

成 交 价：RMB 103,500

白玉夜游赤壁诗文牌

年　　代：清中期

尺　　寸：长 5.8 厘米

拍卖时间：嘉德 2011 年 5 月 23 日　第 3739 号

估　　价：RMB 38,000 ～ 58,000

成 交 价：RMB 101,200

白玉钟馗送福盖炉

年　　代：清代

尺　　寸：宽 13 厘米

拍卖时间：嘉德 2011 年 5 月 23 日 第 3716 号

估　　价：RMB 120,000 ～ 180,000

成 交 价：RMB 368,000

白玉雕莲景花林龙耳活环扁瓶

年　　代：清乾隆时期

尺　　寸：高 20 厘米

拍卖时间：伦敦邦瀚斯 2011 年 5 月 25 日　第 427 号

估　　价：HKD 800,000 ~ 1,200,000

成 交 价：HKD 4,560,000

白玉饕餮纹出戟花觚

年　　代：清代

尺　　寸：高 18.1 厘米

拍卖时间：嘉德 2011 年 5 月 23 日　第 3713 号

估　　价：RMB 180,000 ~ 280,000

成 交 价：RMB 207,000

白玉双螭耳杯

年　　代：清代

尺　　寸：宽 11 厘米

拍卖时间：嘉德 2011 年 5 月 23 日　第 3756 号

估　　价：RMB 10,000 ~ 20,000

成 交 价：RMB 230,000

御题诗白玉仿汉龙尾觥

年　　代：清乾隆时期

尺　　寸：长 17 厘米

拍卖时间：北京保利 2011 年 6 月 5 日　第 7177 号

估　　价：RMB 8,000,000 ～ 12,000,000

成 交 价：RMB 14,375,000

青玉御题百花诗花盆

年　　代：清乾隆时期

尺　　寸：直径 18 厘米

拍卖时间：北京保利 2011 年 6 月 5 日　第 7196 号

估　　价：RMB 1,000,000 ～ 1,500,000

成 交 价：RMB 1,610,000

白玉福寿如意活环耳瓮

年　　代：清乾隆时期

尺　　寸：宽 20.5 厘米

拍卖时间：香港佳士得 2011 年 6 月 1 日　第 3596 号

估　　价：HKD 3,380,000 ～ 3,500,000

成 交 价：HKD 5,500,000

白玉天下太平摆件

年　　代：清 18 世纪

尺　　寸：高 10.4 厘米

拍卖时间：香港佳士得 2011 年 6 月 1 日　第 3635 号

估　　价：HKD 2,500,000 ～ 3,500,000

成 交 价：HKD 9,620,750

黄玉狗

年　　代：清代

尺　　寸：长 6 厘米

拍卖时间：嘉德 2011 年 5 月 23 日　第 3760 号

估　　价：RMB 20,000 ~ 40,000

成　交　价：RMB 218,500

白玉莲纹双象活环耳盖瓶

年　　代：清乾隆时期

尺　　寸：高 31.2 厘米

拍卖时间：香港佳士得 2011 年 6 月 1 日　第 3595 号

估　　价：HKD 3,000,000 ~ 8,420,000

成　交　价：HKD 5,00,000

黄玉花卉香熏

年　　代：清代

尺　　寸：宽 9 厘米

拍卖时间：嘉德 2011 年 5 月 23 日　第 3757 号

估　　价：RMB 60,000 ~ 80,000

成　交　价：RMB 402,500

青白玉三星摆件

年　　代：清代

尺　　寸：高 13.7 厘米

拍卖时间：嘉德 2011 年 5 月 23 日　第 3742 号

估　　价：RMB 180,000 ~ 280,000

成　交　价：RMB 207,000

翠玉活环耳香炉

年　　代：清 19 世纪
尺　　寸：14 厘米
拍卖时间：香港佳士得 2011 年 6 月 1 日　第 3790 号
估　　价：HKD 1,500,000 ~ 2,500,000
成 交 价：HKD 4,580,000

白玉雕龙活环耳四棱盖炉

年　　代：清 19 世纪
尺　　寸：18.4 厘米
拍卖时间：香港苏富比 2011 年 6 月 1 日　第 3752 号
估　　价：HKD 2,000,000 ~ 3,000,000
成 交 价：HKD 5,780,000

白玉雕双鹿

年　　代：清 18 世纪
尺　　寸：长 17.2 厘米
拍卖时间：香港佳士得 2011 年 6 月 1 日　第 3561 号
估　　价：HKD 1,000,000 ~ 1,500,000
成 交 价：HKD 3,860,000

白玉双马摆件

年　　代：清乾隆时期
尺　　寸：长 13.3 厘米
拍卖时间：香港佳士得 2011 年 6 月 1 日　第 3638 号
估　　价：HKD 4,000,000 ~ 5,000,000
成 交 价：HKD 11,860,000

白玉福寿如意
年　　代：清乾隆时期
尺　　寸：长 39 厘米
拍卖时间：香港佳士得 2011 年 6 月 1 日
　　　　　第 3562 号
估　　价：HKD 1,500,000 ～ 2,000,000
成 交 价：HKD 6,020,000

白玉嵌百宝灵猴献寿如意
年　　代：清 18 至 19 世纪
尺　　寸：长 41.2 厘米
拍卖时间：香港佳士得 2011 年 6 月 1 日
　　　　　第 3640 号
估　　价：HKD 4,000,000 ～ 6,000,000
成 交 价：HKD 14,100,000

白玉 "乾隆丙午" 款弦纹碗
年　　代：清乾隆时期
尺　　寸：直径 12.7 厘米
拍卖时间：北京保利 2011 年 6 月 5 日
　　　　　第 7195 号
估　　价：RMB 1,500,000 ～ 2,000,000
成 交 价：RMB 2,300,000

楠木题诗嵌白玉兔镇纸

年　　代：清中期

尺　　寸：长 37 厘米

拍卖时间：北京保利

　　　　　2011 年 6 月 5 日

　　　　　第 7171 号

估　　价：RMB 300,000 ~ 400,000

成 交 价：RMB 483,000

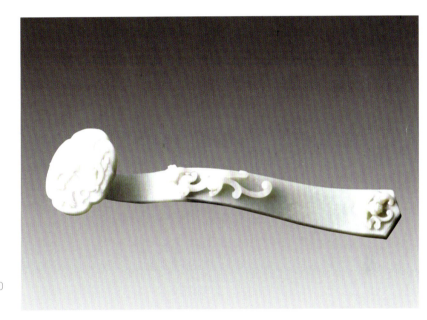

白天填金刻御题诗龙纹如意

年　　代：清乾隆时期

尺　　寸：长 41 厘米

拍卖时间：北京保利

　　　　　2011 年 6 月 5 日

　　　　　第 7193 号

估　　价：RMB 5,000,000 ~ 8,000,000

成 交 价：RMB 17,250,000

御制"学诗堂"白玉辟邪钮印

年　　代：清乾隆时期

尺　　寸：长 3 厘米

拍卖时间：北京保利

　　　　　2011 年 6 月 5 日

　　　　　第 7186 号

估　　价：RMB 2,000,000 ~ 3,000,000

成 交 价：RMB 3,450,000

御题诗古玉圭
年　　代：清乾隆时期
尺　　寸：长 39.5 厘米
拍卖时间：北京保利 2011 年 6 月 5 日
　　　　　第 7176 号
估　　价：RMB 1,800,000 ~ 2,800,000
成 交 价：RMB 2,530,000

白玉 "春江花月夜" 御题诗小砚屏
年　　代：清乾隆时期
尺　　寸：高 12 厘米
拍卖时间：北京保利 2011 年 6 月 5 日
　　　　　第 7190 号
估　　价：RMB 1,000,000 ~ 1,500,000
成 交 价：RMB 1,380,000

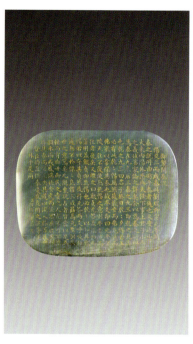

青白玉 "御制开泰说" 插屏
年　　代：清乾隆时期
尺　　寸：长 13.5 厘米 宽 10.5 厘米
拍卖时间：北京保利 2011 年 6 月 5 日
　　　　　第 7191 号
估　　价：RMB 4,000,000 ~ 6,000,000
成 交 价：RMB 6,670,000

御制青白玉十六应真玉册
年　　代：清乾隆时期
尺　　寸：长 15.5 厘米 宽 11.4 厘米
拍卖时间：北京保利 2011 年 6 月 5 日
　　　　　第 7192 号
估　　价：RMB 6,000,000 ~ 8,000,000
成 交 价：RMB 13,800,000

白玉菱角佩
年　　代：清代
尺　　寸：长 6.8 厘米
拍卖时间：北京保利 2011 年 6 月 6 日
　　　　　第 7445 号
估　　价：RMB 30,000 ~ 50,000
成 交 价：RMB 184,000

黄玉马上翻身
年　　代：清代
尺　　寸：长 6.7 厘米
拍卖时间：北京保利 2011 年 6 月 6 日
　　　　　第 7446 号
估　　价：RMB 80,000 ~ 120,000
成 交 价：RMB 920,000

三色翡翠雕秋虫戏果笔洗连座

年　　代：清乾隆时期

尺　　寸：高 6 厘米（含座）/3.5 厘米（不
　　　　　含座）宽 17.5 厘米

拍卖时间：匡时 2011 年 6 月 8 日 第 2300 号

估　　价：RMB 900,000 ~ 1,100,000

成 交 价：RMB 1,207,500

白玉雕鸳鸯荷叶洗莲座

年　　代：清乾隆时期

尺　　寸：高 12.5（含座）/10 厘米（不
　　　　　含座）宽 18 厘米

拍卖时间：匡时 2011 年 6 月 8 日
　　　　　第 2290 号去

估　　价：RMB 300,000 ~ 350,000

成 交 价：RMB 368,000

白玉穿花螭纹饰

年　　代：清代

尺　　寸：长 7.9 厘米

拍卖时间：北京保利 2011 年 6 月 6 日
　　　　　第 7468 号

估　　价：RMB 50,000 ~ 80,000

成 交 价：RMB 172,500

青玉雕并蒂莲摆件连座

年　　代：清代

尺　　寸：高 8 厘米（含座）/
　　　　　6.5 厘米（不含啊座）

拍卖时间：匡时 2011 年 6 月 8 日 第 2307 号

估　　价：RMB 300,000 ~ 320,000

成 交 价：RMB 345,000

白玉桃形盖盒莲碧玉桃叶座

年　　代：清乾隆时期

尺　　寸：高 11.5 厘米（含座）/9.5 厘米（不
　　　　　含座）直径 11.5 厘米

拍卖时间：匡时 2011 年 6 月 8 日 第 2310 号

估　　价：RMB 600,000 ~ 650,000

成 交 价：RMB 690,000

白玉镂雕牡丹香熏盖炉

年　　代：清中期

尺　　寸：宽 18.5 厘米

拍卖时间：北京保利 2011 年 6 月 6 日
　　　　　第 7520 号

估　　价：RMB 500,000 ~ 800,000

成 交 价：RMB 1,127,000

白玉龙纹钮
年　　代：清早期
尺　　寸：高 3.3 厘米
拍卖时间：北京保利 2011 年 6 月 6 日
　　　　　第 7465 号
估　　价：RMB 20,000 ～ 30,000
成 交 价：RMB 172,500

白玉雕对凤纹书卷笔舔
年　　代：清乾隆时期
尺　　寸：高 2 厘米 长 7 厘米
拍卖时间：匡时 2011 年 6 月 8 日
　　　　　第 2298 号
估　　价：RMB 200,000 ～ 220,000
成 交 价：RMB 253,000

黄玉双耳笔洗
年　　代：清乾隆时期
尺　　寸：高 3.5 厘米 宽 11 厘米
拍卖时间：匡时 2011 年 6 月 8 日
　　　　　第 2299 号
估　　价：RMB 100,000 ～ 120,000
成 交 价：RMB 166,750

白玉留皮巧色雕童子戏金蟾佩
年　　代：清代
尺　　寸：高 7.1 厘米
拍卖时间：北京保利 2011 年 6 月 6 日
　　　　　第 7501 号
估　　价：RMB 100,000 ～ 150,000
成 交 价：RMB 1,035,000 啊

青白玉雕携琴访友图山子
年　　代：清乾隆时期
尺　　寸：高 9 厘米 宽 8 厘米
拍卖时间：匡时 2011 年 6 月 8 日
　　　　　第 2284 号
估　　价：RMB 80,000 ～ 100,000
成 交 价：RMB 92,000

白玉海东青击天鹅图嵌饰
年　　代：清代
尺　　寸：长 10.7 厘米
拍卖时间：北京保利 2011 年 6 月 6 日
　　　　　第 7463 号
估　　价：RMB 60,000 ～ 80,000
成 交 价：RMB 230,000

白玉圆雕瑞马、祥羊、双虎摆件

年　　代：清中期

尺　　寸：长 7 厘米 (马) /9 厘米 (羊) /
　　　　　6 厘米 (虎)

拍卖时间：匡时 2011 年 6 月 8 日 第 2332 号

估　　价：RMB 550,000 ~ 600,000

成 交 价：RMB 632,500

白玉雕螭龙纹玉斧

年　　代：清乾隆时期

尺　　寸：长 14 厘米

拍卖时间：匡时 2011 年 6 月 8 日 第 2392 号

估　　价：RMB 600,000 ~ 800,000

成 交 价：RMB 977,000

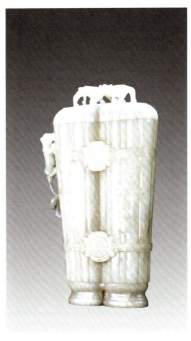

白玉雕 "福寿" 纹双联盖瓶

年　　代：清乾隆时期

尺　　寸：高 20 厘米

拍卖时间：匡时 2011 年 6 月 8 日 第 2414 号

估　　价：RMB 600,000 ~ 800,000

成 交 价：RMB 1,207,500

青玉雕菊瓣纹三足炉连座

年　　代：清乾隆时期

尺　　寸：高 8.5 厘米 (含座) /4.2 厘米 (不
　　　　　含座)　直径 10.5 厘米

拍卖时间：匡时 2011 年 6 月 8 日 第 2325 号

估　　价：RMB 400,000 ~ 450,000

成 交 价：RMB 483,000

白玉雕双狮戏球插屏

年　　代：清中期

尺　　寸：高 26 厘米

拍卖时间：匡时 2011 年 6 月 8 日 第 2391 号

估　　价：RMB 800,000 ~ 1,200,000

成 交 价：RMB 897,000

白玉雕兽面纹双耳盖炉

年　　代：清乾隆时期

尺　　寸：高 12 厘米 (含座) /8 厘米
　　　　　(不含座)

拍卖时间：匡时 2011 年 6 月 8 日
　　　　　第 2324 号

估　　价：RMB 260,000 ~ 280,000

成 交 价：RMB 322,000

白玉雕牡丹四花钮盖炉连座

年　　代：清乾隆时期

尺　　寸：高18厘米（含座）/13.5厘米（不含座）

　　　　　长18厘米

拍卖时间：匡时 2011 年 6 月 8 日　第 2312 号

估　　价：RMB 2,200,000 ~ 2,500,000

成 交 价：RMB 2,645,000

黄玉嵌红宝石雕五福临门盖盒

年　　代：清乾隆时期

尺　　寸：高6厘米 直径3厘米

拍卖时间：匡时 2011 年 6 月 8 日　第 2314 号

估　　价：RMB 100,000 ~ 120,000

成 交 价：RMB 126,500

黑白玉雕御制诗山子

年　　代：清乾隆时期

尺　　寸：高14.5厘米（含座）/12厘米（不含座） 长23厘米

拍卖时间：匡时 2011 年 6 月 8 日　第 2316 号

估　　价：RMB 1,000,000 ~ 1,200,000

成 交 价：RMB 1,380,000

青玉雕瑞狮戏球摆件

年　　代：清早期

尺　　寸：高7厘米（含座）/5厘米（不含座） 长14厘米

拍卖时间：匡时 2011 年 6 月 8 日　第 2331 号

估　　价：RMB 350,000 ~ 400,000

成 交 价：RMB 402,500

黄玉雕九如纹花插（一对）
年　　代：清代
尺　　寸：高 16 厘米（含座）/13 厘米（不含座）
拍卖时间：匡时 2011 年 6 月 8 日　第 2318 号
估　　价：RMB 1,000,000 ~ 1,200,000
成 交 价：RMB 1,380,000

青玉雕梅花灵芝竹节形花插
年　　代：清代
尺　　寸：高 14.5 厘米　宽 7 厘米
拍卖时间：匡时 2011 年 6 月 8 日　第 2322 号
估　　价：RMB 160,000 ~ 180,000
成 交 价：RMB 195,500

双色玛瑙雕灵福笔洗
年　　代：清代
尺　　寸：高 11 厘米　直径 13 厘米
拍卖时间：匡时 2011 年 6 月 8 日　第 2319 号
估　　价：RMB 260,000 ~ 280,000
成 交 价：RMB 322,000

双色玛瑙巧雕献寿图摆件
年　　代：清代
尺　　寸：高 6 厘米　宽 6 厘米
拍卖时间：匡时 2011 年 6 月 8 日　第 2321 号
估　　价：RMB 50,000 ~ 70,000
成 交 价：RMB 57,500

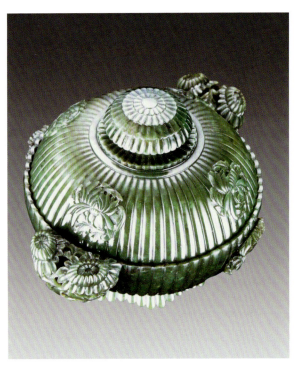

碧玉雕花卉双菊耳菊瓣形盖炉

年　　代：清乾隆时期
尺　　寸：直径 24.5 厘米
拍卖时间：匡时 2011 年 6 月 8 日 第 2395 号
估　　价：RMB 800,000 ~ 1,200,000
成 交 价：RMB 1,150,000

铜鎏金嵌玉松石烧蓝花插

年　　代：清乾隆时期
尺　　寸：高 27 厘米
拍卖时间：匡时 2011 年 6 月 8 日 第 2399 号
估　　价：RMB 600,000 ~ 800,000
成 交 价：RMB 690,000

碧玉雕如意莲纹炉瓶盒三式

年　　代：清乾隆时期
尺　　寸：不等
拍卖时间：匡时 2011 年 6 月 8 日 第 2394 号
估　　价：RMB 1,200,000 ~ 1,500,000
成 交 价：RMB 1,380,000

碧玉雕夔龙纹双凤耳衔环盖炉连白玉座

年　　代：清乾隆时期
尺　　寸：高 13.4 厘米
拍卖时间：匡时 2011 年 6 月 8 日 第 2419 号
估　　价：RMB 1,500,000 ~ 1,800,000
成 交 价：RMB 1,725,000

白玉雕童子如意洗
年　　代：清代
尺　　寸：长 21 厘米
拍卖时间：北京太平洋 2011 年 9 月 17 日　第 1007 号
估　　价：RMB 20,000
成 交 价：RMB 42,560

白玉羊首洗
年　　代：清代
尺　　寸：长 21.5 厘米
拍卖时间：北京太平洋 2011 年 9 月 17 日　第 1020 号
估　　价：RMB 40,000
成 交 价：RMB 56,000

白玉刻山水人物御题诗插屏
年　　代：清代
尺　　寸：高 18.7 厘米
拍卖时间：北京太平洋 2011 年 9 月 17 日　第 1010 号
估　　价：RMB 35,000
成 交 价：RMB 89,600

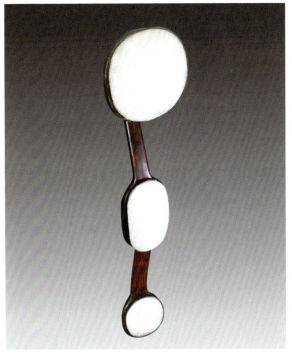

白玉三镶八仙过海如意
年　　代：清乾隆时期
尺　　寸：长 55 厘米
拍卖时间：北京太平洋 2011 年 9 月 17 日　第 1013 号
估　　价：RMB 30,000
成 交 价：RMB 53,760

白玉雕九阳消寒图山子
年　　代：清乾隆时期
尺　　寸：长 13.5 厘米
拍卖时间：匡时 2011 年 6 月 8 日
　　　　　第 2417 号
估　　价：RMB 1,000,000 ~ 1,200,000
成 交 价：RMB 1,265,000

御制白玉海棠形浮雕螭龙笔
款　　识："乾隆年制"款
年　　代：清乾隆时期
尺　　寸：长 21 厘米
拍卖时间：纽约苏富比 2011 年 9 月 14 日
　　　　　第 243 号
估　　价：USD 250,000 ~ 350,000
成 交 价：USD 782,500

白玉雕宝相花莲钮茶壶
年　　代：清乾隆时期
尺　　寸：长 18 厘米
拍卖时间：匡时 2011 年 6 月 8 日
　　　　　第 2415 号
估　　价：RMB 800,000 ~ 1,200,000
成 交 价：RMB 977,500

翡翠圆雕净瓶观音立像
年　　代：清乾隆时期
尺　　寸：高 28 厘米
拍卖时间：匡时 2011 年 6 月 8 日 第 2422 号
估　　价：RMB 3,800,000 ~ 4,800,000
成 交 价：RMB 4,600,000

白玉仿古夔龙纹螭龙耳长方盖瓶
年　　代：清乾隆时期至嘉庆时期
尺　　寸：高 21 厘米
拍卖时间：纽约佳士得 2011 年 9 月 15 日
　　　　　第 1025 号
估　　价：USD 750,000 ~ 1,000,000
成 交 价：USD 2,658,500

白玉雕福禄万代盖瓶
年　　代：清乾隆时期
尺　　寸：高 18 厘米
拍卖时间：匡时 2011 年 6 月 8 日
　　　　　第 2420 号
估　　价：RMB 1,800,000 ~ 2,200,000
成 交 价：RMB 2,185,000

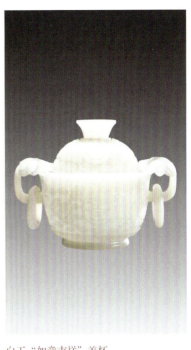

黄玉天鸡摆件

年　　代：明末清初
尺　　寸：长 6.3 厘米
拍卖时间：纽约佳士得 2011 年 9 月 15 日
　　　　　第 922 号
估　　价：USD 60,000 ~ 80,000
成 交 价：USD 554,500

白玉瑞兽水丞

年　　代：清乾隆时期
尺　　寸：长 12.7 厘米
拍卖时间：纽约佳士得 2011 年 9 月 15 日
　　　　　第 1010 号
估　　价：USD 120,000 ~ 180,000
成 交 价：USD 2,098,500

白玉 "如意吉祥" 盖杯

年　　代：清乾隆时期
尺　　寸：高 10 厘米
拍卖时间：北京太平洋 2011 年 9 月 17 日
　　　　　第 1001 号
估　　价：RMB 25,000
成 交 价：RMB 53,700

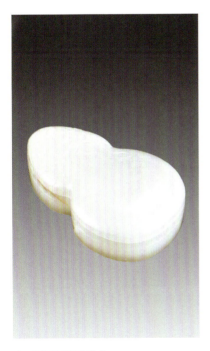

白玉雕福禄万代盖盒

年　　代：清乾隆时期
尺　　寸：长 11.5 厘米
拍卖时间：北京太平洋
　　　　　2011 年 9 月 17 日
　　　　　第 1005 号
估　　价：RMB 120,000
成 交 价：RMB 134,000

青白玉麒麟吐书摆件

年　　代：明末至清中期
尺　　寸：长 16.5 厘米
拍卖时间：纽约佳士 2011 年 9 月 15 日
　　　　　第 1030 号
估　　价：USD 60,000 ~ 80,000
成 交 价：USD 266,500

白玉鹅形盖盒（一对）

年　　代：清 19 世纪
尺　　寸：7.6 厘米
拍卖时间：纽约苏富比 2011 年 9 月 14 日
　　　　　第 235 号
估　　价：USD 20,000 ~ 30,000
成 交 价：USD 314,500

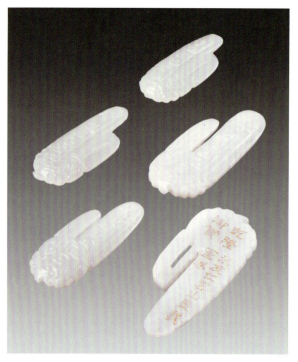

白玉玉别（五件）

年　　代：清乾隆时期
尺　　寸：不等
拍卖时间：北京太平洋 2011 年 9 月 17 日　第 1021 号
成 交 价：RMB 14,560

金鞘玉柄短剑

年　　代：清代
尺　　寸：长 65 厘米
拍卖时间：北京太平洋 2011 年 9 月 17 日　第 1048 号
估　　价：RMB 280,000
成 交 价：RMB 627,200

碧玉雕兽形香熏

年　　代：清乾隆时期
尺　　寸：长 17 厘米
拍卖时间：北京太平洋 2011 年 9 月 17 日　第 1027 号
估　　价：RMB 60,000
成 交 价：RMB 67,200

翡翠盖碗

年　　代：清中期
尺　　寸：直径 11.1 厘米
拍卖时间：北京太平洋 2011 年 9 月 17 日　第 1038 号
估　　价：RMB 18,000
成 交 价：RMB 35,840

白玉出戟兽面纹双耳三足龙钮盖炉

年　　代：清乾隆时期

尺　　寸：15.8 厘米

拍卖时间：香港苏富比 2011 年 10 月 5 日　第 1940 号

估　　价：HKD 5,000,000 ~ 7,000,000

成 交 价：HKD 9,620,000

御制碧玉朝贡圆笔筒天方旅贡字

年　　代：清乾隆时期

尺　　寸：15.5 厘米

拍卖时间：香港苏富比 2011 年 10 月 5 日　第 1910 ~ A 号

估　　价：HKD 2,800,000 ~ 3,500,000

成 交 价：HKD 6,620,000

白玉八吉祥钵

年　　代：清 19 世纪

尺　　寸：12 厘米

拍卖时间：伦敦佳士得 2011 年 11 月 8 日　第 194 号

估　　价：GBP 100,000 ~ 150,000

成 交 价：GBP 361,250

青白玉吉庆有余双兽耳活环洗

年　　代：清乾隆时期

尺　　寸：宽 26 厘米

拍卖时间：伦敦佳士得 2011 年 11 月 8 日　第 71 号

估　　价：GBP 350,000 ~ 450,000

成 交 价：GBP 421,250

紫檀嵌玉八吉祥如意

年　　代：清代

尺　　寸：长 43 厘米

拍卖时间：北京太平洋 2011 年 9 月 17 日
　　　　　　第 1092 号

估　　价：RMB 25,000

成 交 价：RMB 61,600

白玉镂雕鹤鹿同春香筒

年　　代：清 18 世纪

尺　　寸：25.4 厘米

拍卖时间：佳士得 2011 年 11 月 8 日
　　　　　　第 97 号

估　　价：GBP 60,000 ~ 80,000

成 交 价：GBP 145,250

白玉渔家乐摆件

年　　代：清中期

尺　　寸：高 17.5 厘米

拍卖时间：北京翰海
　　　　　　2011 年 5 月 19 日至 11 日
　　　　　　第 2303 号

估　　价：RMB 800,000 ~ 1,200,000

成 交 价：RMB 2,070,000

紫檀掐银丝两镶玉如意

年　　代：清代

尺　　寸：长 40 厘米

拍卖时间：北京太平洋

　　　　　2011 年 9 月 17 日

　　　　　第 1095 号

估　　价：RMB 8,000

成 交 价：RMB 11,200

翡翠镂雕螭龙带钩（一对）

年　　代：清 19 世纪

尺　　寸：9.7 厘米 S

拍卖时间：香港苏富比

　　　　　2011 年 10 月 5 日

　　　　　第 1909 号

估　　价：HKD 30,000,000 ~ 40,000,000

成 交 价：HKD 34,260,000

白玉河青海宴盘（一对）

年　　代：清乾隆时期

尺　　寸：14.5 厘米

拍卖时间：伦敦佳士得

　　　　　2011 年 11 月 8 日

　　　　　第 115 号

估　　价：GBP 80,000 ~ 120,000

成 交 价：GBP 481,250

碧玉饕餮纹花口熏炉
年　　代：清乾隆时期
尺　　寸：高 14.5 厘米
拍卖时间：北京翰海 2009 年 10 月 9 日至 11 日　第 2278 号
估　　价：RMB 1,200,000 ~ 1,800,000
成 交 价：RMB 1,344,000

白玉三牺蝠耳炉
年　　代：清代
尺　　寸：高 9.8 厘米
拍卖时间：北京翰海 2009 年 10 月 9 日至 11 日　第 2279 号
估　　价：RMB 2,800,000 ~ 3,500,000
成 交 价：RMB 3,584,000

白玉水波云蝠和合二仙圆葫芦盖瓶
年　　代：清乾隆时期
尺　　寸：20.5 厘米
拍卖时间：香港苏富比　2011 年 10 月 5 日　第 1960 号
估　　价：HKD 2,600,000 ~ 2,800,000
成 交 价：HKD 3,140,000

玉螭龙鸡心佩
年　　代：清中期
尺　　寸：长 6.9 厘米
拍卖时间：北京翰海 2011 年 11 月 19 日　第 3562 号
估　　价：RMB 180,000 ~ 220,000
成 交 价：RMB 195,500

和闻玉龙尾觥

款　　识："乾隆乙巳御题"款
年　　代：清乾隆时期
尺　　寸：高 22.5 厘米
拍卖时间：佳士得 2011 年 11 月 30 日　第 2963 号
估　　价：HKD 5,000,000 ～ 8,000,000
成　交　价：HKD 6,020,000

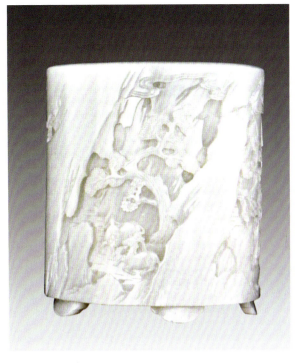

白玉贺寿圆笔筒

年　　代：清乾隆时期
尺　　寸：高 15.3 厘米
拍卖时间：佳士得 2011 年 11 月 30 日　第 2970 号
估　　价：HKD 6,000,000 ～ 10,000,000
成　交　价：HKD 6,980,000

黄玉佛手纸镇

年　　代：清中期
尺　　寸：长 12.5 厘米
拍卖时间：北京翰海 2011 年 11 月 19 日　第 3663 号
估　　价：RMB 35,000 ～ 45,000
成　交　价：RMB 70,150

白玉双耳衔环兽纽三足炉

年　　代：清中期
尺　　寸：高 15.2 厘米
拍卖时间：翰海 2011 年 11 月 19 日　第 3600 号
估　　价：RMB 4,500,000 ～ 5,500,000
成　交　价：RMB 5,175,000

玉三羊开泰

年　　代：清中期

尺　　寸：长 12 厘米

拍卖时间：北京翰海

　　　　　2011 年 11 月 19 日

　　　　　第 3552 号

估　　价：RMB 250,000 ~ 300,000

成 交 价：RMB 287,500

白玉狮子戏球

年　　代：清中期

尺　　寸：长 19.7 厘米

拍卖时间：北京翰海

　　　　　2011 年 11 月 19 日

　　　　　第 3549 号

估　　价：RMB 200,000 ~ 300,000

成 交 价：RMB 816,500

白玉马上封侯

年　　代：清中期

尺　　寸：长 4.8 厘米

拍卖时间：北京翰海

　　　　　2011年 11 月 19 日

　　　　　第 3514 号

估　　价：RMB 80,000 ~ 100,000

成 交 价：RMB 138,000

白玉螭龙纸镇
年　　代：清代
尺　　寸：长 15 厘米
拍卖时间：北京翰海
　　　　　2011 年 11 月 19 日
　　　　　第 3659 号
估　　价：RMB 80,000 ~ 100,000
成 交 价：RMB 103,500

白玉带板（十四件）
年　　代：清中期
尺　　寸：长 1.8 厘米至 4.8 厘米
拍卖时间：北京翰海
　　　　　2011 年 11 月 19 日
　　　　　第 3624 号
估　　价：RMB 50,000 ~ 70,000
成 交 价：RMB 103,500

白玉甪端（一对）
年　　代：清乾隆时期
尺　　寸：高 14.5 厘米
拍卖时间：北京保利
　　　　　2011 年 12 月 6 日
　　　　　第 5016 号
估　　价：RMB 33,000,000 ~ 53,000,000
成 交 价：RMB 55,200,000

青玉御题诗雕松下人物圆笔筒

年　　代：清乾隆时期
尺　　寸：13.2 厘米
拍卖时间：邦瀚斯 2011 年 11 月 10 日　第 373 号
估　　价：GBP 150,000 ~ 200,000
成 交 价：GBP 241,250

白玉蝉栖花果

年　　代：清中期
尺　　寸：高 6.2 厘米
拍卖时间：北京翰海 2011 年 11 月 19 日　第 3542 号
估　　价：RMB 150,000 ~ 160,000
成 交 价：RMB 161,000

白玉洒金松鼠葡萄

年　　代：清中期
尺　　寸：高 6 厘米
拍卖时间：北京翰海 2011 年 11 月 19 日　第 3533 号
估　　价：RMB 70,000 ~ 90,000
成 交 价：RMB 230,000

玉双狮戏球

年　　代：清中期
尺　　寸：长 5.4 厘米
拍卖时间：北京翰海 2011 年 11 月 19 日　第 3504 号
估　　价：RMB 80,000 ~ 120,000
成 交 价：RMB 86,250

黄玉持荷童子

年　　代：清中期

尺　　寸：高 8.2 厘米

拍卖时间：北京翰海　2011 年 11 月 19 日　第 3680 号

估　　价：RMB 180,000 ~ 220,000

成 交 价：RMB 195,500

白玉仙鹤

年　　代：清中期

尺　　寸：高 21.8 厘米

拍卖时间：北京翰海 2011 年 11 月 19 日　第 3685 号

估　　价：RMB 600,000 ~ 700,000

成 交 价：RMB 690,000

黄玉天鸡水滴

年　　代：清中期

尺　　寸：高 17 厘米

拍卖时间：北京翰海 2009 年 1 月 10 日　第 2452 号

估　　价：RMB 3,500,000 ~ 4,500,000

成 交 价：RMB 5,040,000

白玉雕花卉如意

年　　代：清中期

尺　　寸：长 40.7 厘米

拍卖时间：北京翰海 2011 年 11 月 19 日　第 3665 号

估　　价：RMB 800,000 ~ 1,200,000

成 交 价：RMB 1,150,000

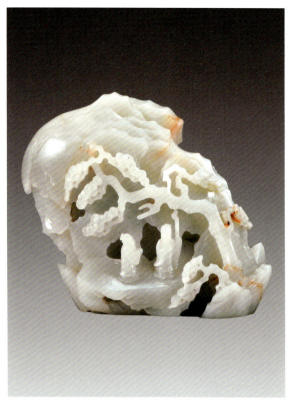

白玉松下高士御题诗文山子

年　　代：清中期

尺　　寸：高 11 厘米

拍卖时间：北京翰海 2011 年 11 月 19 日　第 3686 号

估　　价：RMB 800,000 ~ 1,200,000

成 交 价：RMB 920,000

白玉透雕春水饰件

年　　代：清中期

尺　　寸：长 8.3 厘米

拍卖时间：北京翰海 2011 年 11 月 19 日　第 3720 号

估　　价：RMB 250,000 ~ 300,000

成 交 价：RMB 310,500

玉雕描金山水花卉御题诗文砚屏（二件）

年　　代：清中期

尺　　寸：高 25.5 厘米

拍卖时间：北京翰海 2011 年 11 月 19 日

　　　　　第 3726 号

估　　价：RMB 280,000 ~ 350,000

成 交 价：RMB 322,000

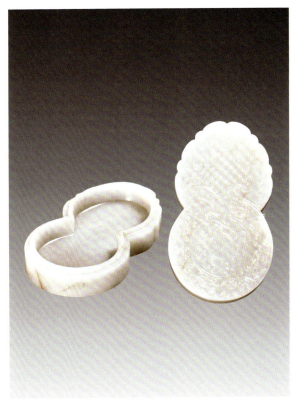

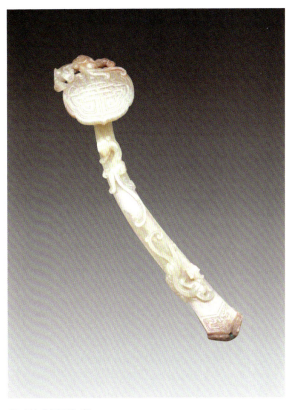

青玉葫芦盒

年　　代：清代

尺　　寸：高 2.8 厘米　长 11 厘米　宽 6.5 厘米

拍卖时间：北京荣宝 2011 年 11 月 25 日　第 886 号

估　　价：RMB 60,000 ~ 90,000

成 交 价：RMB 138,000

黄玉螭龙福寿如意

年　　代：清乾隆时期

尺　　寸：长 31.5 厘米

拍卖时间：佳士得 2011 年 11 月 30 日　第 3251 号

估　　价：HKD 700,000 ~ 900,000

成 交 价：HKD 6,260,000

白玉葫芦万代瓶

年　　代：清代

尺　　寸：高 21.8 厘米

拍卖时间：北京荣宝

　　　　　2011 年 11 月 25 日

　　　　　第 930 号

估　　价：RMB 800,000 ~ 1,200,000

成 交 价：RMB 1,725,000

白玉太平有象砚

款　　识：背面口部阴刻"子孙永宝"双方框篆书印章款；
　　　　　圈足外底刻"康熙年制"四字横排隶书款
年　　代：清康熙时期
尺　　寸：高 20 厘米　宽 12.7 厘米
源　　流：海外回流
拍卖时间：北京荣宝 2011 年 11 月 25 日　第 899 号
估　　价：RMB 800,000 ~ 1,600,000
成 交 价：RMB 1,322,500

翡翠观音

年　　代：清代
尺　　寸：高 24.5 厘米
拍卖时间：北京荣宝 2011 年 11 月 25 日　第 945 号
估　　价：RMB 1,600,000 ~ 2,600,000
成 交 价：RMB 3,450,000

白玉洗

年　　代：清代
尺　　寸：高 6 厘米
拍卖时间：北京荣宝 2011 年 11 月 25 日　第 893 号
估　　价：RMB 150,000 ~ 180,000
成 交 价：RMB 287,500

白玉饕餮纹兽耳熏炉
年　　代：清乾隆时期
尺　　寸：高 10.5 厘米　宽 16.6 厘米
拍卖时间：北京荣宝 2011 年 11 月 25 日　第 927 号
估　　价：RMB 600,000 ~ 800,000
成 交 价：RMB 1,495,000

白玉御制诗山水人物插屏
年　　代：清乾隆时期
尺　　寸：高 34.7 厘米　长 33.5 厘米
拍卖时间：北京荣宝 2011 年 11 月 25 日　　第 906 号
估　　价：RMB 2,000,000 ~ 2,600,000
成 交 价：RMB 3,220,000

和田青白玉山子
年　　代：清代
尺　　寸：高 22.5 厘米 宽 27 厘米 直径 10.5 厘米
拍卖时间：北京荣宝 2011 年 11 月 25 日 第 941 号
估　　价：RMB 360,000 ~ 450,000
成 交 价：RMB 517,500

黄玉虎
年　　代：清代
尺　　寸：高 3.2 厘米　长 8 厘米
拍卖时间：北京荣宝 2011 年 11 月 25 日 第 914 号
估　　价：RMB 400,000 ~ 600,000
成 交 价：RMB 920,000

白玉笔架
年　　代：清代
尺　　寸：长 7.5 厘米
拍卖时间：北京荣宝 2011 年 11 月 25 日 第 894 号
估　　价：RMB 80,000 ~ 100,000
成 交 价：RMB 172,500

白玉双欢
年　　代：清代
尺　　寸：长 5.4 厘米
拍卖时间：北京荣宝 2011 年 11 月 25 日　第 910 号
估　　价：RMB 20,000 ~ 60,000
成 交 价：RMB 368,000

白玉童子戏鱼笔洗
年　　代：清代
尺　　寸：高 3.5 厘米　长 9 厘米
拍卖时间：北京荣宝 2011 年 11 月 25 日　第 888 号
估　　价：RMB 40,000 ~ 60,000
成 交 价：RMB 69,000

白玉携琴访友山子
年　　代：清中期
尺　　寸：高 18.5 厘米
拍卖时间：北京翰海 2011 年 11 月 19 日　第 3687 号
估　　价：RMB 1,800,000 ~ 2,200,000
成 交 价：RMB 2,645,000

白玉菊纹香炉
年　　代：清乾隆时期
尺　　寸：高 6.5 厘米
源　　流：海外回流
拍卖时间：北京荣宝 2011 年 11 月 25 日　第 889 号
估　　价：RMB 400,000 ~ 500,000
成 交 价：RMB 920,000

翡翠龙纹大熏炉
年　　代：清代
尺　　寸：高 32 厘米　宽 32.5 厘米
拍卖时间：北京荣宝 2011 年 11 月 25 日　第 946 号
估　　价：RMB 400,000 ~ 600,000
成 交 价：RMB 1,046,500